채
근
담

지혜의 샘 시리즈 ❹

채근담

개정판 1쇄 발행 | 2025년 03월 10일

지은이 | 홍자성 · 엮은이 | 박정수

발행인 | 김선희 · 대 표 | 김종대
펴낸곳 | 도서출판 매월당
책임편집 | 박옥훈 · 디자인 | 윤정선 · 마케터 | 양진철 · 김용준

등록번호 | 388-2006-000018호
등록일 | 2005년 4월 7일
주소 | 경기도 부천시 소사구 중동로 71번길 39, 109동 1601호
        (송내동, 뉴서울아파트)
전화 | 032-666-1130 · 팩스 | 032-215-1130

ISBN 979-11-7029-239-5 (00140)

지혜의 샘 시리즈 **4**

채근담

홍자성 지음 박정수 엮음

매월당

MAEWOLDANG

이 책을 추천하며

채근담은 많은 사람들이 잘 알고 있는 삶에 대한 지
혜와 교훈으로 가득 찬 동양의 고전입니다. 그리고 많
은 사람들이 채근담을 보았습니다. 그러나 고전이기에
내용이 어려울 것이라는 생각으로 채근담을 쉽게 접근
하기가 어려웠습니다.

이 책은 채근담의 내용을 훼손하지 않으면서, 재미있
는 우화나 이야기 등을 현대에 맞게 수록하여 이해가
쉬울 뿐만 아니라 삶에 대한 지혜와 교훈을 습득하기에
부족함이 없을 것입니다.

채근담을 아직 읽지 않은 사람이나, 채근담을 이미
읽었다 해도 내용이 너무 난해해 제대로 이해하지 못했
던 사람이나, 책읽기가 지루해 독서를 피하는 사람들이
매우 재미있게 읽으며 삶의 교훈과 지혜를 얻을 수 있
는 이 책《채근담》을 적극 추천합니다.

이 책은 '험난한 세상을 어떻게 살아갈 것인가?'라는 질문에 대한 답과 '고단한 세상을 어떻게 즐기며 살아갈 것인가?'라는 질문에 답을 줄 수 있는 책이며 동시에, 이 어려운 세상을 살아가는 사람들이 꼭 읽어야 할 최고의 인생보감(人生寶鑑)으로써 부족함이 없는 책입니다.

모두들 세상살이가 어렵다고 합니다. 정말 너무나 어려운 시대입니다. 허기진 마음을 삶의 지혜와 교훈으로 가득 채워 줄 책이 그리운 사람이나, 고급 호텔에서의 한 끼의 만찬보다도 유명 브랜드의 최고급 옷 한 벌보다도 더 많은 삶의 만족을 줄 수 있는 책이 그리운 사람이라면 채근담 읽기를 권합니다.

채근담이라는 책은 시대라는 경계를 뛰어넘어 현대를 살아가는 사람들에게, 험난한 세상에서 난파당하지 않는 삶의 지혜와 즐거움을 전하면서 어려운 시대에 어떻게 자기를 지킬 것인가, 그리고 어떻게 삶을 즐길 것인가에 대한 방법을 제시해 주는 책입니다.

세대와 성별을 초월하여 모두에게 마음의 양식을 주는 책으로서 채근담은 전혀 부족함이 없으며 이제 채근담을 재미있는 이야기로 읽으며 삶의 지혜와 교훈, 그리고 삶의 즐거움을 만끽할 수 있는 기회를 가지시기 바랍니다.

　어떤 상황에 있는 사람이든지 하루에 한 장씩만이라도 이 책을 읽고 실천한다면 그대들의 삶은 온통 축복으로 가득 찰 것입니다.

공주대학교 산업과학대학 교수 홍성찬

차 례

차 례

차 례

채근담

일이 뜻대로 되지 않을 때는 나보다 못한 사람
을 생각하라. 원망하고 탓하는 마음이 저절로
사라지리라. 마음이 게을러지거든 나보다 나은
사람을 생각하라. 저절로 분발하리라.

01

깨달은 이는
자신이 죽은 뒤의 명예를 생각한다

　도덕을 지키는 사람은 때로 적막하지만, 권력에 아부하는
사람은 늘 처량하다. 온전한 이치를 깨달은 이는 사물 밖의
사물, 즉 재산이나 지위 이외의 진리를 생각하고, 자신이 죽
은 뒤의 명예를 생각한다. 차라리 한때의 적막함이 만고의
처량함보다 낫다.

棲守道德者는 寂寞一時하고
서 수 도 덕 자　　적 막 일 시

依阿權勢者는 凄涼萬古니라.
의 아 권 세 자　　처 량 만 고

達人은 觀物外之物하고 思身後之身하나니,
달 인　관 물 외 지 물　　사 신 후 지 신

寧受一時寂寞이언정 毋取萬古之凄涼하라.
영 수 일 시 적 막　　　무 취 만 고 지 처 량

棲(살 서) 寂(고요할 적) 寞(쓸쓸할 막) 依(의지할 의)

阿(아부할 아) 勢(기세 세) 凄(처량할 처) 涼(차라리 량)

寧(편안할 녕)

棲守(서수) : (도덕을) 지키고 삶.

依阿(의아) : 의지하고 아부함.

達人(달인) : 통달한 사람.

物外之物(물외지물) : 불변하는 진리나 법칙.

身後之身(신후지신) : 현실적 존재 뒤에 있는 본래 존재.

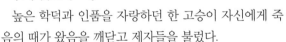

주제 엿보기

높은 학덕과 인품을 자랑하던 한 고승이 자신에게 죽음의 때가 왔음을 깨닫고 제자들을 불렀다.

"나는 부질없는 이름을 세상에 남기고 말았다. 너희들 중에 누가 나를 위해서 내가 이 세상에 남긴 나의 욕된 이름을 없애 주지 않겠느냐?"

제자들은 침묵만 지킬 뿐 어느 누구도 스승의 말을

거두지 못했다.

그런데 그때 마침 그곳에 잠시 놀러왔던 아이 한 명이 고승 곁으로 다가오더니 이렇게 말했다.

"그렇다면 먼저 스님의 이름을 가르쳐 주세요."

이 말을 들은 고승은 흡족한 듯 미소를 띠며 말했다.

"부질없고 헛된 내 이름이 너로 인해서 사라져 버렸구나."

주제 요약

사람이 세상에 남기고 갈 것이 무엇인가? 평생을 노력해서 얻은 재물과 권력도 죽고 나면 덧없이 사라지는 것이니 오로지 참된 명예만이 남는다. 사는 것이 중요한 것이 아니라 어떻게 사느냐가 중요한 것이다.

02

청렴하고 고상한 사람이 되라

　권력과 명예, 사치와 부를 곁에 두지 않는 사람은 청렴하다. 그러나 그것을 가까이 두고도 이에 물들지 않는 사람은 더욱 청렴하다. 권모술수를 모르는 사람도 고상하지만 그것을 알고도 쓰지 않는 사람은 더욱 고상하다.

　勢利紛華는 不近者爲潔이오, 近之而不染者는
　세 리 분 화　　불 근 자 위 결　　　근 지 이 불 염 자

　爲尤潔이오, 智械機巧는 不知者爲高나
　위 우 결　　　지 계 기 교　　부 지 자 위 고

　知之而不用者는 爲尤高니라.
　지 지 이 불 용 자　　위 우 고

어휘 풀이

勢利(세리) : 권세와 이익.

紛華(분화) : 사치스럽고 호화스러움.

智械機巧(지계기교) : 권모술수.

주제 엿보기

스승과 제자가 산길을 가고 있었다. 산은 단풍이 들어 온통 붉은 빛이었고 어디선가 새소리가 한가롭게 들려오고 있었다. 스승과 제자는 바랑(스님이 등에 지고 다니는 자루 같은 큰 주머니) 하나를 등에 둘러맨 채 사이좋게 담소를 나누며 산 너머의 산사로 향하고 있었다. 앞서 가던 스승이 문득 걸음을 멈추고 따라오던 제자에게 물었다.

"저기 앞에 떨어진 종이가 무슨 종이냐?"

"아마도 향을 쌌던 종이 같습니다. 향 냄새가 아직 묻어 있습니다."

종이를 주워 코로 가져가 냄새를 맡아보던 제자가 말했다.

"저기 있는 저 종이는 또 무슨 종이인가?"

"아마도 생선을 쌌던 종이인가 봅니다. 아직도 비린 냄새가 가시지를 않았습니다."

"보아라, 사람의 마음 또한 그 종이와 같다. 종이는 원래 깨끗하고 아무런 냄새도 없지만 무엇을 쌌느냐에 따라서 그 냄새와 쓰임새가 다르다. 마음 또한 상황에 따라 달라지는 법이다. 참된 벗을 사귀면 믿음과 선함이 뒤따르지만 악한 벗을 만나면 절로 사악해지고 재앙이 뒤따른다. 그러므로 항상 자신의 몸과 마음을 돌보아야 하고, 선하고 어진 벗을 사귀기에 힘써야 할 것이다."

주제 요약

권력과 명예를 쫓는 사람은 자신의 몸을 진흙탕 속으로 밀어넣는 것과 같다. 그런 사람에게서는 인간의 향기가 아닌 돈과 향락의 부패한 냄새가 난다. 우리는 지금 어떤 향기를 뿜으며 살고 있는가?

03

한가한 때에
급한 일에 대처하는 마음을 가져라

하늘과 땅은 고요해서 움직이지 않지만 잠시도 쉬거나 멈추지 않으며, 해와 달은 밤낮으로 뜨고 지지만 그 빛은 언제나 변함이 없다. 그러므로 군자는 언제나 한가한 때에도 급한 일에 대처하는 마음을 가져야 하고 바쁜 와중에서도 여유로운 마음을 지녀야 한다.

天地는 寂然不動이로되 而氣機는 無息少停하며,
천지　　적연부동　　　이기기　　무식소정

日月은 晝夜奔馳로되 而貞明은 萬古不易이니라.
일월　　주야분치　　　이정명　　만고불역

故로 君子는 閒時에 要有喫緊的心思하며,
고　　군자　　한시　　요유끽긴적심사

忙處에 要有悠閒的趣味니라.
망처　　요유유한적취미

寂(고요할 적) 息(숨쉴 식) 晝(낮 주) 奔(달릴 분)

馳(달릴 치) 喫(마실 끽) 忙(바쁠 망) 悠(멀 유)

趣(달릴 취)

寂然(적연) : 고요함.　氣機(기기) : 기운의 기미.

無息(무식) : 쉬지 않음.　少停(소정) : 멈춤이 적음.

奔馳(분치) : 분주하게 달림.

不易(불역) : 바뀌지 않음.

要有(요유) : 필요함이 있음.　喫緊(끽긴) : 다급함.

悠閒(유한) : 유유하고 한가로움.

趣味(취미) : 마음가짐.

주제 엿보기

땡볕이 쨍쨍 내리쬐는 여름 동안에 개미는 부지런히
들판을 돌아다니며 겨울에 먹을 밀과 보리 이삭을 열심
히 주워 모았다. 시원한 나무 그늘에서 잠자고 있던 메
뚜기가 그런 개미를 보고 한심하다는 듯이 말했다.

"다른 동물들은 봄에 열심히 일하고 지금은 더위를 피해 저마다 쉬고 있는 여름인데도 너 혼자만 그렇게 악착스럽게 일하고 있는 것을 보니 정말 안됐다는 생각이 드는구나."

그 말을 들은 개미는 아무렇지도 않은 듯 잠자코 열심히 하던 일만 계속하고 있었다. 메뚜기는 그런 개미를 비웃으며 다시 나무 그늘 아래로 가 낮잠을 즐기려는 듯 기지개를 켜곤 풀 속에 벌렁 드러누웠다.

이윽고 겨울이 되어 온 세상이 하얀 눈과 차가운 얼음으로 가득 찼다. 먹을 것이라곤 어디를 둘러보아도 보이지 않았다. 매서운 눈보라가 몰아치는 날, 여름에 만났던 메뚜기가 개미를 찾아왔다. 메뚜기는 금방이라도 쓰러질 듯 허기져 보였다.

"며칠째 아무것도 먹지 못했습니다. 배가 고파서 죽을 지경이니 제발 먹을 것을 좀 나눠 주세요."

메뚜기의 그 말에 개미가 동정 섞인 목소리로 말했다.

"내가 열심히 일하던 때에는 나를 비웃으며 나무 그늘에 누워 낮잠만 자더니 이제 와서 내게 적선을 바라다니 안됐군요. 그때 조금만 더 열심히 일했더라면 지금 먹을 것이 없어 굶주리지는 않을 텐데……."

개미는 그렇게 말하며 문을 닫았다.

주제 요약

사람의 인생이 얼마만큼의 날들로 이루어져 있는지는 세상 누구도 모른다. 그런 까닭에 매 순간 최선을 다해 열심히 살아야 한다. 우리의 미래는 아무도 예측할 수 없기 때문에 걱정만으로는 안 된다. 현재의 삶에 충실한 방법밖에는 도리가 없다.

04

고요할 때
홀로 앉아 자기 마음을 들여다보라

깊은 밤 사람들이 잠들어 고요할 때 홀로 앉아 자기 마음을 들여다보면, 비로소 망상이 흩어지고 참된 마음이 생겨나는 것을 깨닫게 된다. 이 속에서 큰 진리를 깨칠 수 있다. 그러나 참된 마음이 생겨났는데도 망상에서 벗어나기 어렵다면, 이 가운데서 참된 부끄러움을 느껴야 한다.

夜深人靜에 獨坐觀心하면 始覺妄窮而眞獨露하니
야 심 인 정   독 좌 관 심   시 각 망 궁 이 진 독 로

每於此中에 得大機趣라.
매 어 차 중   득 대 기 취

旣覺眞現而妄難逃면 又於此中에 得大慚忸이니라.
기 각 진 현 이 망 난 도   우 어 차 중   득 대 참 뉵

獨(홀로 독) 亡(허망할 망) 窮(다할 궁) 旣(이미 기)
於(어조사 어) 此(이 차) 慚(부끄러울 참)
忸(부끄러워할 뉵)

人靜(인정) : 사람들이 모두 잠들어 고요해짐.
大機趣(대기취) : 큰 진리.
眞現(진현) : 진리가 나타남.
慚忸(참뉵) : 부끄러움.
觀心(관심) : 내 마음을 관찰함.

주제 엿보기

어느 마을에 장님이 혼자 살고 있었다. 장님은 어느 날, 옆마을에 사는 친구의 초대를 받아 밤늦도록 놀다 가 집으로 돌아오기 위해 그 집을 나섰다. 장님이 막 그 집 대문을 나서려는데 집주인인 친구가 장님의 손에 작 은 등불 하나를 쥐어 주었다. 장님은 어처구니가 없어 서 그 친구에게 버럭 화를 냈다.

"자네, 지금 나를 놀리는 건가? 앞도 못 보는 나에게 등불이 무슨 소용이 있단 말인가?"

그러자 그 친구가 다정하게 말했다.

"이 사람아, 그게 무슨 소린가? 내가 자넬 놀리다니…… 이렇게 어두운 밤에 자네가 등불을 들고 다니지 않으면 다른 사람들이 자네를 몰라보고 혹여 자네와 부딪치지 않을까 염려스러워서 그런 거라네."

그 말을 들은 장님은 친구의 마음을 고맙게 여겨 친구가 건네 준 등불을 들고 길을 나섰다.

그런데 한참을 걸어가던 장님은 건너편에서 마주오던 다른 사람과 그만 부딪치고 말았다. 장님은 상대방에게 화를 내며 소리쳤다.

"아니, 당신에겐 이 등불이 보이지 않소?"

그러자 상대방은 어이가 없다는 듯이 이렇게 말했다.

"당신이 들고 있는 등불이 꺼진 것도 모른단 말이오?"

자신을 돌아보지 않으면 앞으로 나아가는 진보란 없다. 어리석은 사람일수록 자기를 돌아보지 않고 남의 탓만을 일삼는다. 깊은 밤, 고요히 촛불을 켜고 앉아 마음의 거울에 비친 자기 모습을, 사랑하는 사람의 얼굴을 쳐다보듯 찬찬히 들여다보라. 그러면 평소 볼 수 없었던 진실이라는 친구가 조용히 손 내밀며 다가올 것이다.

05
양보하는 미덕을 길러라

좁은 길에서는 한 걸음 물러서 다른 행인이 먼저 지나가게 하고, 좋고 맛있는 음식은 10분의 3을 다른 사람에게 덜어 줘라. 이렇게 하는 것이 세상을 살아가는데 제일 편안하고 즐거운 방법이다.

徑路窄處에는 留一步하여 與人行하고,
경 로 착 처　　　유 일 보　　　　여 인 행

滋味濃的은 減三分하여 讓人嗜하라.
자 미 농 적　　감 삼 분　　　　양 인 기

此是涉世의 一極安樂法이니라.
차 시 섭 세　　　일 극 안 락 법

한자 풀이

徑(지름길 경) 窄(좁을 착) 滋(붙을 자) 嗜(즐길 기)
涉(건널 섭) 極(다할 극) 濃(짙을 농) 減(덜 감)

徑路(경로) : 샛길.

興人行(여인행) : 다른 사람이 갈 수 있도록 허락함.

涉世(섭세) : 세상을 살아감.   窄處(착처) : 좁은 곳.

讓人嗜(양인기) : 남에게 양보하여 즐기게 함.

滋味(자미) : 자양분 있는 맛 좋은 음식.

주제 엿보기

옛날 한 마을에 삼 형제가 옹기종기 모여 살고 있었는데 부모님이 연로해서 돌아가시자 형제끼리 재산을 골고루 분배하게 되었다. 다른 재산을 분배할 때는 별다른 이견이 없던 형제들은 부모님이 아끼던 난초 화분을 두고는 서로 다투게 되었다. 그 난초는 가까운 친척이 선물해 준 귀한 것으로써 향기도 그윽했을 뿐만 아니라 지금이라도 화원에 내다 팔면 큰돈을 받을 수 있는 까닭이었다.

한동안 말다툼을 벌이던 형제들은 차라리 난초 화분을 내다 팔아 그 돈을 각자 나눠 갖자고 결론을 내렸다. 그런데 그 소리를 듣자마자 난초는 어찌된 영문인지 금방 생기를 잃고 향기도 어디론가 사라져버렸다. 그 말을 들은 이웃 노인이 삼 형제를 불러 말했다.

"자네들이 이 난초 화분을 내다 팔면 난초를 무척 아끼시던 부모님의 마음 또한 그렇게 팔아버리게 되는 셈일세."

노인의 말을 들은 형제들은 느끼는 바가 있어 난초를 내다 팔지 않기로 다시 의견을 모았다. 그러자 난초는 금방 전처럼 생생하게 되살아났다.

주제 요약

양보하는 마음이 없는 사람은 스스로 재앙을 부른다. 차를 운전할 때나, 길을 걸을 때에도 먼저 가려고 하다 보면 사고가 나거나 앞으로 넘어지게 된다. 나보다 먼저 남을 생각하는 마음, 세상을 편안하게 사는 제일 쉬운 방법이다.

06
좋은 친구를 사귀어라

좋은 친구를 사귀기 위해서는 반드시 10분의 3의 의협심이 있어야 하고, 훌륭한 사람이 되기 위해서는 반드시 순결한 본마음을 가져야 한다.

交友에는 須帶三分俠氣하고,
교 우　　　수 대 삼 분 협 기

作人에는 要存一點素心이니라.
작 인　　　요 존 일 점 소 심

한자 풀이

須(모름지기 수) 帶(띠 대) 俠(호협할 협) 點(점 점)

어휘 풀이

三分(삼분) : 10분의 3.　俠氣(협기) : 義俠(의협)의 마음.
素心(소심) : 깨끗하고 순수한 본연의 마음.

한 사람이 꿈 속에서 가장 친한 벗과 나란히 백사장을 걸어가고 있었다. 그 사람은 꿈 속에서조차 가장 절친한 벗과 함께 걷는 것이 너무나 기뻤다. 그 사람은 그 벗이라면 자신의 목숨도 함께 나눌 수 있다고 생각하며 벗의 손을 꼭 잡았다. 한참을 그렇게 걸어가다가 그 사람은 문득 뒤를 돌아다보았다. 벗과 함께 걸어온 백사장엔 둘의 발자국이 선명하게 찍혀져 있었다. 그 발자국을 바라보며 그 사람은 행복감에 잠시 눈을 감았다.

그런데 잠시 후 눈을 떴을 때, 그 사람은 자신이 인생의 고통 한가운데에 서 있다는 것을 알게 되었다. 세상은 자기에게서 등을 보이고, 사랑하는 사람들도 하나둘씩 자기에게서 떠나갔다. 생활은 갈수록 어려워졌고 마침내 그 사람은 그만 바닥에 털썩 주저앉아 버리고 말았다. 그 순간 그 사람은 문득 뒤를 돌아다보게 되었다.

그런데 막상 자신의 뒤를 돌아다보니 자신과 함께 걸어온다고 믿었던 벗은 어디론가 사라지고 없고 백사장엔 자신의 발자국만 쓸쓸하게 새겨져 있었다. 그 사람은 옆에 선 벗에게 원망 섞인 목소리로 물었다.

"나는 정말이지 너를 믿고 의지했는데…… 언제, 어디서나 나와 함께하겠다고 했던 약속은 어디로 간 거니? 내가 가장 힘들고 고통스러웠던 순간에 너는 내 곁에 없더구나."

울음을 터뜨리는 그 사람의 손을 잡으며 벗은 다정하게 말했다.

"소중한 벗이여, 네가 힘들고 어려울 때 내가 너를 떠난 게 아냐. 다만 네가 그 시련을 잘 이겨 낼 수 있도록 지켜보았을 뿐이지. 그리고 언제나 네 곁에 나는 있었단다. 백사장에 발자국이 한 사람뿐인 건 바로 그 시련의 순간에 내가 너를 업고 다녔기 때문이야."

주제 요약

인생에서 진정한 벗을 두지 못한 사람은 성공했다고 말할 수 없다. 진정한 벗이란 자신의 그림자와도 같아서 아픔과 기쁨, 즐거움과 고난을 함께하는 사람이다. 그런데 그런 사람이 주위에 아무도 없다면 그 사람은 누구와 고통을 반으로 나누고 기쁨을 배로 늘릴 것인가?

07
공은 내세우지 말고 죄는 뉘우쳐라

세상을 뒤덮을 만한 큰 공적도 '자랑할 긍(矜)' 한 글자를
감당하지 못하고, 하늘에 가득 찬 큰 죄악도 '뉘우칠 회(悔)'
한 글자를 감당하지 못한다.

蓋世功勞도 當不得一個矜字요,
개 세 공 로　　당 부 득 일 개 긍 자

彌天罪過도 當不得一個悔字니라.
미 천 죄 과　　당 부 득 일 개 회 자

한자 풀이

蓋(덮을 개) 勞(일할 로) 矜(불쌍히 여길 긍)
彌(두루 미) 悔(뉘우칠 회) 過(지날 과)

어휘 풀이

蓋世(개세) : 온 세상을 뒤덮음.　一個(일개) : 한낱.

34

矜字(긍자) : 자랑하다.　悔字(회자) : 뉘우치다. 후회하다.
彌天(미천) : 하늘에 가득 차 있음.

주제 엿보기

옛날 중국의 어느 고을에 주처(周處)라는 불량배가 살고 있었다. 하는 짓마다 마을 사람들의 눈총을 산 주처는 마침내 마을 사람들로부터 외면을 당하게 되었고 누구나 주처를 보면 먼저 인상부터 찌푸렸다. 마을 사람들로부터 따돌림을 당하게 된 주처는 어느 날, 마을의 어른 한 분께 왜 마을 사람들이 자신을 보면 먼저 인상부터 찌푸리는지 그 연유를 물었다. 마을의 어른은 이렇게 딱 잘라 대답을 했다.

"남산에 있는 호랑이와 장교(長橋)에 있는 용, 그리고 악행을 일삼는 자네 때문이라네."

이 말을 들은 주처는 크게 뉘우치고 새로운 사람이 되기로 마음을 먹었다. 그래서 먼저 남산에 올라가 호랑이를 때려잡고, 다리 밑에 있는 용도 죽였다. 그런데도 웬일인지 마을 사람들의 눈총은 여전히 따가웠고 자신을 볼 때마다 인상부터 먼저 쓰는 것은 전혀 달라지지 않았다. 마침내 주처는 정든 고향을 떠날 수밖에 없었다. 타지를 정처 없이 떠돌아다니던 주처는 동오라는 작은 마을에서 학덕을 두루 겸비한 육기와 육운 형제를 만나 자신의 과거를 털어놓으며 참회의 말을 꺼냈다.

"저는 지은 죄가 많아 착한 사람이 되고 싶지만 때가 너무 늦은 것 같습니다."

주처의 말을 들은 육기와 육운 두 형제는 주처를 다독이며 말했다.

"자네가 굳은 의지를 가지고 개과천선하려는 마음만 먹는다면 아직 때는 늦지 않았네."

그 후, 주처는 십여 년에 걸쳐 두 형제에게 배움의 길을 닦아 마침내 유명한 학자가 되었다.

주제 요약

무엇이든 자랑을 하기보다는 안으로 숨길 줄 알고 자랑할 마음을 돌이켜 자신의 허물을 되돌아보라. 세상에 허물이 없는 사람은 없으니 자신의 허물을 뉘우쳐 바로잡도록 하라.

08

명성과 절개를 혼자 독차지하지 말라

완전한 명성과 어여쁜 절개를 혼자 독차지하지 말라. 남에게 조금이라도 나눠 주어야 해를 입지 않고 몸을 온전하게 보전할 수 있다. 욕된 행실과 부끄러운 이름을 남의 탓으로만 돌리지 말라. 조금이라도 제 것으로 돌려야 빛을 드러내지 않고서도 덕을 기를 수 있다.

完名美節은 不宜獨任이니 分些與人이면
완 명 미 절   불 의 독 임   분 사 여 인

可以遠害全身이요, 辱行汚名은 不宜全推이니
가 이 원 해 전 신   욕 행 오 명   불 의 전 추

引些歸己이면 可以韜光養德이라.
인 사 귀 기   가 이 도 광 양 덕

한자 풀이

任(맡길 임) 些(적을 사) 辱(욕될 욕) 汚(더러울 오)

37

推(오를 추) 歸(돌아갈 귀) 養(기를 양) 韜(감출 도)
宜(마땅할 의)

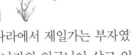

주제 엿보기

상인은 그 나라에서 제일가는 부자였다. 상인이 살고 있는 집은 그 나라의 임금님이 살고 있는 대궐 다음으로 그 규모가 컸으며, 수많은 하인들을 거느리고 창고마다 곡식과 금은보화가 가득 들어차 있었다.

또한 상인은 교제술도 뛰어나 임금님을 비롯한 고관대작들과의 친분도 두터웠다. 상인의 막내딸이 결혼식을 올리는 날에도 상인의 집은 임금님이 보낸 선물과 여러 고관대작들의 축하 인사가 하루 종일 이어졌다.

이윽고 밤이 깊어 손님들이 하나둘씩 집으로 돌아갔다. 손님들을 배웅하고 집으로 들어온 상인은 잔칫상 한구석에서 임금님이 보낸 선물을 가져온 시종 한 명이 남은 음식을 맛있게 먹고 있는 것을 보았다. 상인은 순간 시종이 건방지다는 생각이 들어 하인들을 불러 그 시종을 집 밖으로 내동댕이쳐 버렸다.

상인의 집에서 쫓겨난 시종은 너무나 억울하고 분한 생각이 들어 상인에게 기어이 복수를 하겠다고 마음을 먹었다. 다음 날 시종은 임금님이 낮잠을 잘 때 일부러 낮은 목소리로 상인이 왕비님을 짝사랑하고 있는 것 같다고 혼잣말을 했다. 잠귀가 밝은 임금님은 시종의 말을 듣고 그 후로는 상인의 대궐 출입을 막아버렸다. 물론 임금님이 잠귀가 밝다는 것을 알고 있는 시종의 계략이었던 것이다.

한편 상인은 갑자기 임금님이 대궐 출입을 통제한 이유가 무엇일까를 곰곰이 생각하다가 막내딸의 결혼식 날에 있었던 일이 떠올랐다. 상인은 곧 금은보화를 싸들고 시종의 집을 찾아가 자신의 무례함을 빌었다. 시종은 짐짓 모른 척 딴전을 피웠지만 상인이 진심으로 용서를 비는 듯 보여 마음이 가라앉았다.

다음 날 시종은 임금님이 낮잠을 잘 때 그 주위를 어슬렁거리며 아무래도 그 소문은 잘못된 것이 분명한데 임금님이 상인을 너무 홀대하시는 게 아닐까? 하고 그 전처럼 혼잣말을 했다. 이 말을 들은 임금님은 그날 저녁 상인을 대궐로 불러들여 저녁 식사를 함께하면서 자신의 과오를 사과했다.

임금님 곁에서 저녁 시중을 드는 시종은 아무것도 모르는 척 시치미를 떼고 있었다. 다만 상인과 둘이 눈이 마주칠 때면 소리 없이 빙그레 미소를 지을 뿐이었다. 상인은 그 일이 있은 다음부터는 그 어떤 사람에게도 예의를 갖추고 공평하게 대했다.

주제 요약

많은 사람들이 명예를 갖기를 원한다. 그러나 그 명예를 얻고 난 후에는 다른 사람이 갖는 것을 싫어한다. 마찬가지로 자신의 과오는 인정하기를 싫어하는 반면 남의 잘못에는 단호하게 대처한다.

09

깨끗함은 더러움에서 나온다

굼벵이는 보기에 징그럽고 더럽지만 매미로 변해 가을바람에 맑은 이슬을 마시고, 썩은 풀은 빛이 없지만 반딧불이를 만들어 여름 달밤에 빛을 발한다. 진실로 깨끗함은 언제나 더러움에서 비롯되고, 밝음은 늘 어둠에서부터 생긴다는 것을 명심하라.

糞蟲至穢나 變爲蟬而飮露於秋風하고,
분 충 지 예   변 위 선 이 음 로 어 추 풍

腐草無光이나 化爲螢而耀采於夏月하나니.
부 초 무 광   화 위 형 이 요 채 어 하 월

固知潔常自汚出하며 明每從晦生也니라.
고 지 결 상 자 오 출   명 매 종 회 생 야

주제 엿보기

깊은 산골 광산촌에 어느 날 한 젊은 기자가 취재를
오게 되었다. 기자는 이것저것 취재를 위해 광산촌을
돌아다니다가 어떤 광부의 안내를 받아 직접 갱 속을
구경하게 되었다. 머리에 안전모를 쓰고 지하 철로를
따라 한참을 갱 속으로 들어간 젊은 기자는 연신 플래
시를 터뜨리며 사진을 찍어대느라 정신이 없었다.

그러나 갱 속은 점차 깊숙이 들어갈수록 숨도 제대로
쉴 수 없을 정도로 답답했으며 주위는 이루 말할 수 없이 어둡고 황량했다. 주위는 온통 검은 석탄가루가 묻어 플래시가 터질 때마다 검은 먼지가 풀풀 날렸다.

갱 속 제일 깊은 곳에 다다른 젊은 기자는 얼른 사진을 마저 찍고 밖으로 나가고 싶은 생각에 일하고 있는 광부들을 향해 재빨리 플래시를 두세 번 터뜨리곤 곧 되돌아 나갈 준비를 했다.

그런데 광부들 중 제법 나이가 들어 보이는 한 광부가 그 기자에게로 가까이 다가오더니 손가락으로 구석진 바닥을 가리켰다. 젊은 기자는 영문도 모른 채 무심코 눈을 돌려 그 광부가 가리키는 곳을 바라보았다. 그런데 그곳에는 놀랍게도 작고 하얀 꽃이 아름답게 두세 송이씩 무리를 지어 피어 있었다.

'아니, 이토록 어둡고 더러운 갱 속에 저렇게 예쁜 꽃이 피어 있다니……!'

젊은 기자가 연신 감탄하며 정신없이 셔터를 누르고 있을 때 그 광부가 손에 석탄 가루를 한 움큼 거머쥐더니 작고 하얀 꽃 위에 살며시 뿌렸다. 그런데 놀랍게도 시커먼 석탄 가루는 맑디맑은 그 꽃을 한 송이도 더럽히지 못하고 그대로 꽃잎 사이로 스르르 흘러내렸다.

그날 광산촌을 취재하고 돌아간 젊은 기자가 며칠 후에 신문에 쓴 기사는 이렇게 시작되고 있었다.

'깨끗함이란 바로 더러움에서 비롯된다는 사실을 여러분은 아십니까?'

주제 요약

연꽃은 더러운 진흙 속에서 피어나기에 그 아름다움이 몇 곱절이나 더한 것이다. 더러움 속에 있으면서도 그 더러움에 몸과 마음이 물들지 않는 것, 그것이 진정한 아름다움인 것이다.

10

지나친 걱정은 오히려 마음을 불안하게 한다

　너무 근심하여 본성을 괴롭히지 말라. 근심하고 부지런히 일하는 것이 미덕이긴 해도 너무 지나치게 수고를 하면 본성을 편안히 하고 마음을 기쁘게 할 수 없다. 청렴결백한 것이 높은 기풍이지만 그 역시 너무 지나치면 사람을 돕거나 모든 일을 이롭게 할 수 없다.

憂勤은 是美德이나 太苦則無以適性怡情하고,
　우 근　　시 미 덕　　　태 고 즉 무 이 적 성 이 정

澹泊은 是高風이나 太枯則無以濟人利物이니라.
　담 박　　시 고 풍　　　태 고 즉 무 이 제 인 이 물

한자 풀이

憂(근심할 우) 勤(부지런할 근) 怡(기쁠 이)
澹(담박할 담) 枯(마를 고) 適(갈 적)

憂勤(우근) : 일을 걱정하고 부지런히 노력하는 것.

無以(무이) : ~로써 할 수 없다.

澹泊(담박) : 욕심이 없고 깨끗한 것.

怡情(이정) : 마음을 즐겁게 함.

濟人(제인) : 남의 어려움을 구해 줌.

주제 엿보기

어떤 남자에게 딸이 둘 있었는데 큰딸은 농부에게 시집을 보내고, 둘째딸은 옹기장이에게 시집을 보냈다. 딸들을 시집보낸 지 얼마 되지 않아 두 딸의 아버지는 궁금한 마음에 자식들의 집을 차례로 방문할 계획을 세웠다.

먼저 아버지는 농부의 아내가 된 큰딸 집에 찾아가서 어떻게 지내고 있는지, 농사일은 잘 되고 있는지를 물었다. 아버지의 말에 큰딸은 모든 일이 순조롭게 잘 되고 있는데, 딱 한 가지 바람이 있다면, 요즘 날씨가 계속 화창해서 비가 내리지 않으니 이제라도 비가 좀 내려서 햇볕에 시든 농작물에 물을 줄 수 있었으면 좋겠다고 말했다.

며칠 후, 아버지는 이번에는 옹기장이에게 시집간 둘째딸의 집을 찾았다. 아버지는 큰딸에게 물었던 것처럼 둘째딸에게도 어떻게 지내고 있으며 옹기는 잘 팔리는지를 물었다. 둘째딸은 요즘은 장사가 잘 되고 있으며 바라는 게 있다면, 앞으로도 계속 지금처럼만 날씨가 좋아서 햇볕에 옹기가 잘 말랐으면 좋겠다고 말했다.

집으로 돌아오는 아버지의 발걸음은 무거웠다. 마음속에 가득한 수심이 그 얼굴에 짙은 그늘을 드리웠다.

'큰딸은 비가 내리기를 바라는데 둘째딸은 햇볕이 쨍쨍 나기를 바란다면 도대체 나는 신에게 어떤 기도를 드려야 하는가?'

주제 요약

모든 일에 태평인 것도 안 좋지만 지나치게 근심에만 몸을 두는 것도 해롭다. 오늘 걱정은 오늘로 족하니 내일 걱정은 내일에 가서 하라. 미리 모든 것을 근심하는 마음도 망령된 것이다.

11

자신의 마음을 해치는 것은 독선이다

이욕(利慾)이 모두 마음을 해하는 것이 아니라 독단적인 생각이 곧 마음을 해하는 벌레다. 애욕(愛慾)이 꼭 도를 막는 것이 아니라 자신을 총명하다고 여기는 생각이 도를 가로막는 것이다.

利慾은 未盡害心이요 意見이 乃害心之蟊賊이라.
이욕   미진해심   의견   내해심지모적

聲色이 未必障道요 聰明이 乃障道之藩屛이니라.
성색   미필장도   총명   내장도지번병

한자 풀이
乃(이에 내) 聲(소리 성) 藩(덮을 번) 屛(병풍 병)

孟賊(모적) : 나무의 뿌리를 갉아먹는 해충.

盛色(성색) : 아름다운 소리와 고운 색깔.

藩屛(번병) : 울타리나 담장.

주제 엿보기

해와 달이 서로 각자 자신들이 세상에서 본 것들에 대해 열띤 토론을 벌이고 있었다. 먼저 해가 바다의 색깔이 파란색이라고 말하자 달이 바다는 은빛이라고 우겼고, 사람들은 언제나 잠만 잔다고 말하자 이번에는 해가 사람들은 언제나 바쁘게 돌아다니느라 한시도 쉴틈이 없다고 우겼다.

달이 사람들은 항상 잠자기 때문에 세상이 너무나 조용하다고 말하자 해는 사람들이 항상 움직이고 일하느라 세상은 한시도 조용하지 않다고 언성을 높였다. 세상은 어둡기 때문에 사람들은 늘 등불을 켜고 있다는 달의 말에, 자기가 떠 있는 낮 동안은 언제나 환하기 때문에 등불이 무엇인지도 모른다고 해가 말했다.

둘은 한참을 그렇게 옥신각신하다가 결국 지나가는

바람에게 판결을 내려 줄 것을 부탁했다. 바람은 둘의 이마에 맺힌 열기를 식히려는 듯 주위를 한 바퀴 선회하더니 다음과 같이 말했다.

"하늘에 밝은 해가 떠 있을 때면 바다는 파란색이고 달이 비추면 은빛이 돼. 그리고 해가 떠 있는 낮에는 사람들이 일을 하느라 바쁘게 움직여 세상은 시끌벅적하지만 달이 뜨는 밤이면 피곤한 몸을 쉬기 위해 잠자리에 들기 때문에 조용해지. 해가 환한 낮에는 등불이 필요 없지만 달이 뜨는 밤이면 어둡기 때문에 등불을 켜야 주위가 환해진단다. 이제 알겠니? 너희는 둘 다 자기가 아는 것만이 진리라는 독단적인 어리석음에 빠져 있어."

주제 요약

독단적인 생각은 자신뿐만이 아니라 타인에게도 해를 입힌다. 과연 우리는 얼마나 많은 편견과 독단에 사로잡혀 있는가를 돌이켜보아야 한다.

12

사람의 인정은 쉽게 변하고
세상살이는 고되고 힘들다

사람의 마음은 쉽게 변하고, 세상의 길은 가파르고 험난하다. 가다가 힘든 곳에서는 한 걸음 물러서는 법을 배워야 하고, 편히 갈 수 있는 곳에서는 남에게 조금 양보하는 공덕을 쌓아야 한다.

人情은 反復하며 世路는 崎嶇라.
인 정   반 복   세 로   기 구

行不去處엔 須知退一步之法하고,
행 불 거 처   수 지 퇴 일 보 지 법

行得去處엔 務加讓三分之功하라.
행 득 거 처   무 가 양 삼 분 지 공

한자 풀이

崎(험할 기) 嶇(험할 구) 須(모름지기 수) 退(물러날 퇴)

步(걸음 보) 讓(사양할 양)

어휘 풀이

反復(반복) : 세상 인심이 자주 변함.

崎嶇(기구) : 험난함.

行不去處(행불거처) : 걸음이 더 이상 나아갈 수 없는 곳.

行得去處(행득거처) : 가기 쉬운 곳.

須知(수지) : 모름지기 ~를 알다.

주제 엿보기

고대 로마의 유명한 정치가 케사르 시저는 피가 피를 부르는 정국을 수습하고 혼란을 평정하여 로마 제국의 초석을 쌓은 것으로 유명하다. 그는 젊어서부터 수완이 좋아 나중에는 로마 최고의 권좌에 오르게 된다.

그러나 불행하게도 케사르는 결혼을 하지 않아 부인이나 자식이 없었고, 항상 불안한 마음에 사람들을 믿지 못해 주위에 믿을 만한 친구도 한 명 없었다. 그래서

인지 그는 성격이 매우 잔인했고, 자유분방하고 방탕한 생활에 빠져들게 되어 자신도 모르는 사이에 수많은 적들을 만들게 된다.

기원전 44년 4월 23일.

케사르는 자신을 제거하려는 반대파들의 칼에 찔린 채 숨지게 된다. 얼마나 사람들로부터 원한을 샀던지 피투성이의 몸에 무려 스물세 군데나 칼자국이 났을 정도였다. 죽어가면서 자신을 칼로 찌른 사람들 가운데 자식처럼 아끼고 총애하던 브루투스가 끼어 있는 것을 보고는 비탄에 찬 울음을 토했다.

케사르는 브루투스의 어머니와 친분이 두터웠을 뿐만 아니라, 브루투스가 자신의 숨겨둔 아들이라는 소문까지 날 정도로 브루투스를 사랑하고 믿었던 것이다. 그런 브루투스가 반대파와 합세해서 자신을 칼로 찌를 줄은 꿈에도 생각하지 못했던 것이다. 케사르는 가슴이 미어지는 슬픔에 젖어 마지막으로 브루투스를 향해 말했다.

"아들아, 너마저……!"

주제 요약

사람의 정은 변하기가 쉽다. 그래서 세상에 어느 누구도
자기 마음 같지 않고 이를 통탄하는 이가 많은 것이다.
적자생존의 냉혹한 법칙에서 보면 세상은 인정을 말하
기 두려울 정도로 무섭고 살벌한 곳이다.

13

소인배를 미워하지 않기가 더 어렵다

소인에게 엄하게 대하는 것이 어려운 게 아니라 미워하지 않기가 어렵고, 군자에게 공손하게 대하는 것이 어려운 게 아니라 예의를 잃지 않기가 어렵다.

待小人엔 不難於嚴이나 而難於不惡하며,
대 소 인　　불 난 어 엄　　　이 난 어 불 오

待君子엔 不難於恭이나 而難於有禮니라.
대 군 자　　불 난 어 공　　　이 난 어 유 례

한자 풀이

待(대할 대) 難(어려울 난) 嚴(엄할 엄) 惡(미워할 오)
恭(공손할 공) 禮(예도 례) 於(어조사 어)

不惡(불오) : 미워하지 않음

難於(난어) : ~하는 것이 어려움.

有禮(유례) : 행위가 예의를 벗어나지 않는 것.

주제 엿보기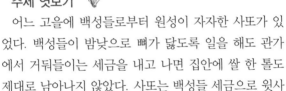

어느 고을에 백성들로부터 원성이 자자한 사또가 있었다. 백성들이 밤낮으로 뼈가 닳도록 일을 해도 관가에서 거둬들이는 세금을 내고 나면 집안에 쌀 한 톨도 제대로 남아나지 않았다. 사또는 백성들 세금으로 윗사람들에게 뇌물을 바치고 남는 돈으로는 자신의 부를 축적했다.

그 사또가 임기가 끝나고 다른 곳으로 부임하게 되었을 때, 백성들은 기뻐하면서 춤이라도 추고 싶었다.

"사또가 떠난다니 앓던 이가 빠진 듯 시원하구나!"

백성들이 그렇게 수군대며 못된 사또가 떠나기만을 기다렸다.

그런데 불행하게도 그 소리가 사또의 귀에 들어가게

되었고, 사또는 윗사람에게 뇌물을 바치고 일 년을 더 그 고을을 다스렸다. 그 일 년 동안 포악한 사또는 백성들의 허리띠를 더욱 쥐어짜서 다른 고을로 부임해 가는 여비까지 세금으로 거두어 갔다.

주제 요약

소인배는 어쩔 수 없이 소인배이다. 행실이 이러하니 어찌 백성들의 원성과 미움을 사지 않았겠는가? 이 같은 소인배를 미워하지 않기란 원수를 사랑하는 것만큼이나 어렵다는 것이다.

14
남에게 보이기 위한 생활을 하지 말라

　상대방이 부를 앞세우면 나는 인을 내세우고, 상대방이 지위를 앞세우면 나는 의를 내세우리. 그러므로 군자는 그 어떤 것에도 농락되지 않는다. 힘을 다하면 하늘도 이기고, 뜻을 한데 모으면 기질도 변화시킨다. 모름지기 군자는 조물주가 만든 사람의 기질과 운명에도 영향을 받지 않는다.

　彼富면 我仁이요 彼爵이면 我義라. 君子는
　　피부　　아인　　　피작　　　아의　　군자

　固不爲君相所牢籠이라. 人定하면 勝天하고 志一하면
　고 불 위 군 상 소 뇌 롱　　　인 정　　승 천　　　지 일

　動氣라. 君子는 亦不受造物之陶鑄라.
　동 기　　군 자　　역 불 수 조 물 지 도 주

한자 풀이

我(나 아)　爵(작위 작)　牢(우리 뇌)　籠(대그릇 롱)

君相(군상) : 임금과 재상.　牢籠(뇌롱) : 감옥과 새장.

人定勝天(인정승천) : 사람이 힘을 모으면 하늘도 이김.

陶鑄(도주) : 조물주가 만들어 준 사람의 운명과 기질.

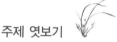

주제 엿보기

중국의 진나라에 극감이라는 사람이 살고 있었다. 그에게는 딸이 하나 있었는데 시집갈 나이가 되자 평소 존경하는 왕도의 제자 중에서 사윗감을 고르려고 했다. 그래서 가까운 친척 한 사람을 왕도의 집에 보내어 제자들의 이모저모를 살피도록 했다.

극감의 부탁을 받은 친척이 왕도의 집에 도착하자 미리 소문을 들은 왕도의 제자들은 그 친척의 눈에 들기 위해 보통 때와는 달리 모두들 점잔을 빼고 앉아 있었다. 그 모습은 겉으로 보기에도 점잖게 보이려고 애를 쓰는 기색들이 역력했다.

점심 때가 되어 밥을 먹게 되었을 때 제자들은 모두 예의를 지키며 식사를 하느라 평소보다 그 시간이 두 배는 더 걸렸다. 모두들 그 친척에게 잘 보이려고 땀을

뻘뻘 흘리며 정중한 태도로 밥을 먹었는데, 그 중 한 사람만이 태연히 바닥에 배를 깔고 엎드린 채로 밥을 먹고 있었다. 그 사람의 태도는 너무나 태연해서 오히려 예의를 지키느라 고심하는 주위의 사람들이 민망할 정도였다.

식사를 마친 친척은 극감에게 돌아가 그 제자의 얘기를 했고 극감은 주저하지 않고 곧 그 제자를 사위로 삼았다. 그 제자가 바로 훗날 유명한 서예의 대가(大家)가 된 왕희지였다.

주제 요약

남의 눈을 지나치게 의식하며 사는 사람들은 한편으론 가엾다. 그런 사람들은 겸손을 빌미로 부자 앞에서는 무조건 고개를 숙이고, 지위 있는 사람 앞에서는 허리를 굽힌다.

15

세상의 평판에 얽매이지 말라

공부하는 사람은 정신을 수습하여 한 곳에 집중해야 한다. 만약 덕을 닦으면서 그 마음을 공로와 명예에만 둔다면 분명 높은 경지에 이르지 못할 것이며, 독서를 하면서도 읊조리는 풍류나 놀이에만 흥미를 느낀다면 결코 깊은 마음에 이르지 못할 것이다.

學者는 要收拾精神하여 倂歸一路라.
학 자   요 수 습 정 신   병 귀 일 로

如修德而留意於事功名譽하면 必無實詣하며,
여 수 덕 이 유 의 어 사 공 명 예   필 무 실 예

讀書而寄興於吟咏風雅하면 定不深心이라.
독 서 이 기 흥 어 음 영 풍 아   정 불 심 심

拾(주울 습) 歸(돌아갈 귀) 譽(기릴 예) 詣(이를 예)
咏(읊을 영) 雅(메 까마귀 아) 深(깊을 심)

收拾(수습) : 거두어들임. 併歸(병귀) : 집중시킴.
實詣(실예) : 참된 조예. 造詣(조예) : 진실된 경지.
吟咏(음영) : 가락을 붙여 글을 읊조리는 것.
風雅(풍아) : 멋스러운 아취. 雅趣(아취) : 풍류.
深心(심심) : 깊은 핵심.

주제 엿보기

중국 전한 시대의 경제는 황제의 자리에 오르자마자
현명하고 어진 인재들을 널리 구해 등용한 것으로 유명
하다. 먼저 황제는 시인 원고를 재상으로 등용하였다.
그때 원고의 나이가 90세였으나 천성이 강직하고 곧아
서 황제에게 바른말을 서슴지 않았다. 그런 까닭에 간
신들의 시기와 중상모략이 끊이지를 않았다. 간신들은
하루도 빠짐없이 황제를 찾아가 이렇게 주청했다.

"원고는 너무 늙어 정사를 돌볼 수 없으니 집에서 손자나 돌보게 해야 합니다."

그러나 그때마다 황제는 그 말을 듣지 않고 오히려 원고를 더욱 가까이 했다. 원고는 황제의 그 같은 처사에 감사해서 눈물을 흘렸다.

그런 신하들 가운데 공손홍이란 자도 원고를 싫어하는 사람들 중 하나였다. 그가 원고를 능멸하며 방자한 태도를 보이자 원고가 아무렇지도 않게 태연히 말했다.

"지금은 학문의 도가 사라지고, 전통 또한 무너져 사설(邪說)이 판을 치고 있는 세상이라네. 내가 듣기로 자네는 학문이 뛰어나고 기개 있는 선비라고 들었네. 부디 학문에 정진해서 바른 이름을 세상에 떨치게. 절대로 자네의 뜻을 굽히거나 속된 것들에게 아첨하지 말게."

원고의 말을 들은 공손홍은 곧 깨우치는 바가 있어 다시는 원고를 모략하는 말을 하지 않았다.

주제 요약

삶은 끝없는 현재 진행형이다. 마침표를 찍는 순간 모든 것은 끝나고 마는 것이다. 그러니 세상의 평판에 너무 귀 기울이지 마라. 내가 진심으로 나의 도리를 다했다면 그까짓 평판쯤은 신경 쓰지 않아도 된다.

16

한결같은 사람이 되라

　간이 병들면 시력을 상실하고 콩팥이 병들면 청력을 잃는다. 병은 사람이 볼 수 없는 곳에서 생겨나지만 결국 사람들이 다함께 보는 곳에 나타난다. 그러므로 군자는 환히 밝은데서 죄를 얻지 않으려면 먼저 어두운 데서도 죄를 범하지 말아야 한다.

肝受病則目不能視하고 腎受病則耳不能聽하니
간 수 병 즉 목 불 능 시　　　신 수 병 즉 이 불 능 청

病受於人所不見이나 必發於人所共見이니라.
병 수 어 인 소 불 견　　　필 발 어 인 소 공 견

故로 君子는 欲無得罪於昭昭이어든
고　　군 자　　욕 무 득 죄 어 소 소

先無得罪於冥冥이니라.
선 무 득 죄 어 명 명

腎(콩팥 신) 聽(들을 청) 昭(밝을 소) 冥(어두울 명)

受病(수병) : 병이 듦.   昭昭(소소) : 밝고 밝음.

冥冥(명명) : 어둡고 어두움.

人所不見(인소불견) : 사람들이 보지 못하는 곳.

주제 엿보기

어떤 부잣집에 도인이 하룻밤 묵어갈 것을 청했다. 부자는 도인에게 푸짐한 저녁을 대접하고는 사랑채로 불러 넌지시 물었다.

"당신이 바른 길을 걷는데 누구도 따르지 않는다면 그 길을 가시겠습니까? 그렇다면 그건 실성한 사람이 아니겠습니까?"

부자의 말에 도인이 오히려 반문했다.

"집에 있는 하인들 중에서 어떤 하인은 당신이 보는 앞에서만 열심히 일하는 척하고 다른 하인은 당신이 보든 말든 상관없이 자신의 일에만 충실하다면, 당신은 어느 하인을 더 소중히 여기겠습니까?"

부자는 생각할 필요도 없다는 듯이 재빨리 대답했다.

"당연히 내가 보든 보지 않든 열심히 일하는 하인이지요."

부자의 대답에 도인이 빙긋 웃으며 말했다.

"그렇다면 당신 또한 실성한 사람을 소중히 여기시는군요."

주제 요약

나를 지켜보는 사람들의 시선을 의식하지 말자. 내가 선하면 거리낄 것이 없고 내가 떳떳하면 두려울 게 없다.

17

남에게 은혜를 베풀 때는 갚기를 바라지 말라

남에게 은혜를 베풀 때 속으로 자기를 보지 않고 밖으로 상대방을 보지 않는다면 한 말의 곡식도 만 섬의 은혜와 같은 것이다. 남에게 이득을 주는 사람이 자기가 베푼 것을 계산하고 상대방에게 받을 것을 따진다면, 비록 그것은 천금일지라도 한푼의 공덕도 되지 못한다.

施恩者가 內不見己하고 外不見人하면 卽斗粟도
시 은 자　　내 불 견 기　　　외 불 견 인　　　즉 두 속

可當萬鍾之惠라. 利物者가 計己之施하고
가 당 만 종 지 혜　　　이 물 자　　계 기 지 시

責人之報하면 雖百鎰이라도 難成一文之功이니.
책 인 지 보　　　수 백 일　　　　난 성 일 문 지 공

풀이

施(베풀 시) 粟(곡식 속) 惠(은혜 혜) 責(꾸짖을 책)
雖(비록 수) 鎰(중량 일)

어휘 풀이

施恩(시은) : 남에게 은혜를 베풂.
不見己(불현기) : 자신에게 드려내지 않음.
斗粟(두속) : 한 말의 작은 곡식.　可當(가당) : 해당함.
萬種(만종) : 굉장히 많은 곡식.

주제 엿보기

자신이 쳐둔 그물에 걸린 매를 발견한 한 사냥꾼이 매의 간절한 애원에 못 이겨 매를 살려 주었다. 매는 자신의 목숨을 살려 준 사냥꾼의 은혜에 언젠가는 보답을 하겠노라고 굳은 약속을 했다.

며칠이 지난 후, 사냥꾼이 숲 속에서 사슴을 쫓고 있었는데 사슴은 사냥꾼을 절벽으로 유인하고 있었다. 절벽은 숲에 가려 잘 보이지가 않았기 때문에 사냥꾼은 절벽 아래로 떨어질 게 뻔했다.

그 광경을 본 매는 사냥꾼에게 날아가 모자를 입에 물고 사라졌다. 사냥꾼은 모자를 되찾기 위해 곧 매를 쫓기 시작했고, 매는 절벽의 반대 방향으로 날아가 입에 물고 있던 모자를 땅에 떨어뜨렸다. 사냥꾼은 땅에서 모자를 주워 쓰려다 사슴을 쫓던 산을 쳐다보았다. 그제서야 사냥꾼은 그곳이 절벽임을 알았고 매가 은혜를 갚았다는 것을 알게 되었다.

주제 요약

아무것도 바라지 말라, 단지 그것으로도 족하다. 베푼 사람은 베푼 것으로 족한 것이고 갚은 사람은 갚은 것으로 족하다.

18

한 마디의 좋은 말도
자신의 허물을 덮는 데 이용하지 말라

마음을 깨끗이 비운 후 비로소 책을 읽고 옛것을 배우도록 하라. 그렇지 아니하면 한 가지 선행을 보아도 그것을 자신의 사욕을 채우는 데 쓸 것이고, 한 마디 좋은 말을 들어도 그것을 자신의 허물을 덮는 데 이용하게 될 것이다. 이는 곧 적에게 병기를 빌려 주고 도적에게 양식을 대 주는 것과 같다.

心地乾淨이라야 方可讀書學古라.
심 지 건 정　　　방 가 독 서 학 고

不然이면 見一善行에 竊以濟私하고,
불 연　　　견 일 선 행　　절 이 제 사

聞一善言에 假以覆短하리니,
문 일 선 언　　가 이 복 단

是는 又藉寇兵而齎盜粮矣이니라.
시　　우 자 구 병 이 재 도 량 의

乾(하늘 건) 竊(훔칠 절) 私(사사 사) 覆(뒤집힐 복)
藉(깔개 자) 寇(도둑 구) 齎(가져올 재) 粮(양식 량)

乾淨(건정) : 맑고 깨끗한 것.

不然(불연) : 그렇지 않음.

濟私(제사) : 자기를 구제함.

覆短(복단) : 단점을 덮음.

주제 엿보기

여우 한 마리가 밀밭을 지나가다가 말을 만났다. 여우는 말을 보자 반갑게 아는 체를 하며 말에게 인사를 했다.

"반갑네그려."

여우는 곧 말을 밀밭으로 이끌더니 이렇게 말했다.

"여기를 보게. 먹음직스러운 밀이 아주 잘 익지 않았는가? 나도 먹고 싶은 생각이 굴뚝 같았지만 자네 생각에 밀 이삭 한 알도 건드리지 않았어."

여우가 하는 말을 듣고 있던 말이 미소를 띠면서 말했다.

"자네가 나를 생각해 주는 마음만은 고맙네. 그런데 여보게, 만약 자네가 밀을 먹을 줄 알았다면 과연 이 밀이 아직까지 남아 있기라도 했겠는가?"

주제 요약

타인의 입장에서 말을 하는 습관을 길러라. 그렇지 않으면 아무리 좋은 말이라 해도 소용이 없다.

19

관리가 백성을 돌보지 않으면
의관을 갖춘 도둑일 뿐이다

책을 읽으면서 성현을 보지 못한다면 그것은 글씨를 베끼는 한낱 필생일 뿐이며, 벼슬에 있으면서 백성을 사랑하지 않는다면 의관을 갖춘 도둑일 뿐이다. 학문을 연구하면서 몸소 실천하지 않는다면 입으로만 선을 읊조릴 뿐이며, 큰일을 도모하면서 덕을 베풀지 않는다면 눈앞에서 피고 지는 한때의 꽃일 뿐이다.

讀書에 不見聖賢이면 爲鉛槧傭이요, 居官에
독서　　불견성현　　　　위연참용　　　　　거관

不愛子民이면 爲衣冠盜라. 講學에 不尙躬行이면
불애자민　　　　위의관도　　　강학　　불상궁행

爲口頭禪이요, 立業에 不思種德이면 爲眼前花니라.
위구두선　　　　입업　　불사종덕　　　위안전화

鉛(납 연) 槧(판 참) 傭(품팔이 용) 冠(갓 관) 禪(봉선 선)
眼(눈 안)

聖賢(성현) : 성현들의 진실된 마음.
鉛槧傭(연참용) : 필사하는 고용인.
衣冠盜(의관도) : 관을 쓴 도적.
躬行(궁행) : 몸소 실행하는 것.
眼前花(안전화) : 눈앞에서 피었다 지는 꽃.
立業(입업) : 큰일 또는 사업을 일으킴.

주제 엿보기

벼룩 한 마리가 어떤 사람의 몸에서 피를 빨아먹다가
그 사람의 손에 잡히고 말았다. 벼룩은 자신의 잘못을
빌며 용서해 달라고 애원했다.

"제발 살려 주세요. 저의 잘못이라고 해봤자 고작 당
신의 몸을 가렵게 한 것뿐인데, 그런 작고 하찮은 일로
죽임을 당한다면 얼마나 억울하겠어요? 부디 저를 죽이

지만 말아 주세요."

벼룩의 말을 들은 그 사람이 단호하게 말했다.

"어리석은 녀석아, 그렇게 살고 싶다면 아예 처음부터 그런 나쁜 짓은 하지 말았어야지. 악행에는 크고 작은 것이 없는 법이야."

말을 마친 그 사람은 주저 없이 손톱으로 벼룩을 꾹 눌러 죽였다.

주제 요약

학문을 닦으면서 그 진의를 알지 못하거나, 권좌에 있으면서 백성들을 기만한다면 사람의 피를 빨아먹는 벼룩과 그 무엇이 다르겠는가?

20
권력에서 온 부귀와 명예는 쉽게 시든다

　부귀와 명예가 도덕에서 온 것이면 스스로 숲 속의 꽃과 같이 무럭무럭 잘 자라고, 공을 도모해서 온 것이면 화분의 꽃과 같이 이리저리 옮겨지는 흥망이 뒤따른다. 그것이 만약 권력에서 온 것이라면 꽃병 속의 꽃처럼 뿌리가 없으므로, 그 시들어가는 모습을 선 채로 기다려 지켜볼 수밖에 없다.

富貴名譽가 自道德來者는 如山林中花하여
부귀명예　　자도덕래자　　여산림중화

自是舒徐繁衍하고 自功業來者는 如盆檻中花하여
자시서서번연　　　자공업래자　　여분함중화

便有遷徙廢興하며, 若以權力得者는 如瓶鉢中花하여
변유천사폐흥　　　약이권력득자　　여병발중화

基根을 不植이니 其萎를 可立而待矣라.
기근　　불식　　기위　　가립이대의

譽(기릴 예) 徐(천천 서) 繁(많을 번) 衍(넘칠 연)

檻(우리 함) 遷(옮길 천) 廢(폐할 폐) 甁(병 병)

鉢(바리때 발) 萎(마를 위)

自是(자시) : 저절로.

舒徐(서서) : 천천히. 드러나지 않게.

繁衍(번연) : 번성함.　盆檻(분함) : 화분.

遷徙(천사) : 옮겨감.

주제 엿보기

　어떤 임금이 국정에는 관심이 없고 간신들에게 둘러싸여 매일 술과 여자에만 빠져 있었다. 하루는 그 임금이 간신들과 어울려 들에 사냥을 나갔다가 오래된 성터를 발견했다. 잡초가 무성하게 자란 성터에는 여기저기 깨어진 사금파리만이 그 나라가 영화와 부귀를 누렸다는 것을 말해 주고 있었다. 임금은 곧 마을 사람들을 불러 물었다.

"이런 들판에 성터가 있으니 대체 어찌된 일인가?"

마을 사람들 중 지혜로운 한 노인이 대답했다.

"이 성터는 옛날에 여기 세워졌던 어떤 나라의 것입니다."

임금이 다시 물었다.

"그런데 어찌하여 이렇게 성터만 남았는가?"

노인은 공손하게 허리를 굽히고 말했다.

"전해 듣기로 그 나라 사람들은 선을 좋아하고 악을 미워했기 때문이라고 했습니다."

노인의 대답에 의아하다는 듯이 임금이 다시 물었다.

"그 나라 사람들이 선을 좋아하고 악을 미워한 것은 훌륭한 일이 아닌가? 그런데 그 때문에 나라가 망해 이렇듯 폐허가 되었다니, 대체 그게 무슨 말인가?"

노인은 임금의 얼굴을 쳐다보더니 말했다.

"그 나라 사람들은 선을 좋아했지만 실천에 옮기지 않았고, 악을 미워했지만 악을 뿌리뽑지 못했습니다. 그 때문에 결국 이렇듯 폐허가 된 것입니다."

노인의 말을 들은 임금은 무언가 깨달은 듯 곧 대궐로 돌아가 간신들을 모두 쫓아내고 국정을 올바르게 돌보는데 남은 생을 바쳤다.

주제 요약

흥망성쇠는 어느 누구도 어쩔 수 없는 하늘의 뜻인 것
이다. 한때 부귀와 영화를 누렸다고 해도 그것이 올바르
게 얻은 것이 아니라면 결코 오래가지 않는다. 오로지
바르고 정대한 것이라야만 그 뿌리가 튼튼한 법이다.

21

배우는 사람은
시원하고 깔끔한 멋도 함께 지녀야 한다

배우는 사람은 부지런히 일하고 조심하는 마음을 가지는 한편 시원스럽고 깔끔한 멋도 지녀야 한다. 만약 규칙만을 따져 지나치게 엄하고 결백하기만 하다면, 가을의 살벌한 기운만 있고 봄의 생기가 없는 것이니 무엇으로 만물을 자라게 할 수 있겠는가?

學者는 要有段兢業的心思하되
학 자   요 유 단 긍 업 적 심 사

又要有段瀟灑的趣味니라. 若一味斂束淸苦면 是는
우 요 유 단 소 쇄 적 취 미   약 일 미 렴 속 청 고   시

有秋殺無春生이니 何以發育萬物이리오?
유 추 살 무 춘 생   하 이 발 육 만 물

要(구할 요) 兢(삼갈 긍) 瀟(강 이름 소) 灑(뿌릴 쇄)
趣(달릴 취) 味(맛 미) 斂(거둘 렴) 發(필 발)

要有(요유) : ~을 소유함이 중요하다.
兢業(긍업) : 조심하고 삼가 두려워하는 것.
瀟灑(소쇄) : 활발하고 시원스런 기상.
秋殺(추살) : 가을의 살기.
何以(하이) : 무엇으로써. 어찌 ~할 수 있으랴.

주제 엿보기

어떤 유명한 성자의 문하에 새로운 제자가 입문하게
되었다. 그 제자는 명상에 관심이 많아 매번 스승을 찾
아가 물었다.

"스승님, 하루 종일 명상에 잠겨도 될까요?"

성자는 그렇게 묻는 제자의 물음에 아무런 말도 하지
않았다. 그로부터 며칠 후, 다시 그 제자가 스승을 찾아
가 물었다.

"스승님, 밤을 새워 명상을 하는 것은 어떨까요?"

성자는 이번에도 제자의 물음에 묵묵부답이었다. 다시 얼마 후, 그 제자가 스승을 찾아가 물었다.

"스승님, 밤낮을 가리지 않고 명상에 잠기는 건 어떨까요?"

그러자 성자는 더는 참을 수 없다는 듯이 호통을 쳤다.

"도대체 누구를 괴롭히려는 것이냐? 네 자신인가, 나인가, 아니면 신인가?"

주제 요약

배움에는 정도가 없다. 단지 정진만이 있을 뿐이다. 학문의 길에 들어섰다고 게으름을 피워서는 안 된다. 틈틈이 일하는 멋도 지녀야 한다. 세상에서 가장 큰 가르침은 몸소 행하는데 있는 까닭이다.

22

명예와 지위는 진정한 즐거움이 아니다

　사람들은 명예와 지위가 즐거운 줄만 알았지 명예와 지위가 없는 즐거움이 진정한 즐거움인지는 알지 못한다. 사람들은 굶주림과 추위가 근심인 줄만 알았지 굶주림과 추위를 모르는 근심이 더 심한 근심인지를 알지 못한다.

人知名位爲樂하고　不知無名無位之樂爲最眞하며,
인 지 명 위 위 락　　　부 지 무 명 무 위 지 락 위 최 진

人知饑寒爲憂하고　不知不饑不寒之憂爲更甚하니라.
인 지 기 한 위 우　　　부 지 불 기 불 한 지 우 위 갱 심

한자 풀이

最(가장 최) 饑(굶주릴 기) 寒(찰 한) 甚(심할 심)

名位(명위) : 명성과 지위.   最眞(최진) : 가장 진실한.
饑寒(기한) : 배고프고 추운 곳.
更甚(갱심) : 더욱 심한.

주제 엿보기

깊은 산 속 조그만 암자에 마음의 즐거움이 곧 최상
의 행복이라는 것을 깨달은 수도승이 있었다. 어느 날
수도승은 마을로 탁발을 내려왔다가 마침 그 마을의 잔
칫집에 들르게 되었다. 마을 사람들은 수도승을 위해
자리를 마련하고는 빙 둘러앉아 여러 가지 질문들을 던
졌다. 그 중 한 사람이 수도승과 마을 사람 모두에게 물
었다.

"여러분, 이 세상에서 가장 즐거운 것은 과연 무엇이
겠습니까?"

한동안 생각에 잠겼던 사람들은 너나 할 것 없이 번
갈아 대답했다.

"술이 아닐까요?"

"노래가 제일 즐겁지요."

그 대답은 꼬리에 꼬리를 물고 계속 이어졌다.

"돈이라고 생각합니다."

"무엇보다 사랑이 제일이지요."

"힘 있는 권력이 아닐까요?"

"명성 또한 그에 못지않습니다!"

그렇게 한참을 떠들던 사람들이 어느 순간, 그때까지 아무런 말도 없이 앉아 있는 수도승을 일제히 바라보았다. 사람들의 시선을 의식한 수도승이 자리에서 일어나며 나직하게 말했다.

"여러분들이 즐겁다고 생각하는 것을 알고 보면 처음에는 즐겁지만 나중에는 괴롭기만 한 고통의 원천입니다. 진정한 즐거움이란, 마음이 가난해서 욕심이 없고, 행실을 바르게 해서 선행을 쌓는 것이랍니다."

주제 요약

세상에서 제일 즐거운 것은 정말 무엇일까? 곰곰이 우리들 자신을 돌아보게 하는 질문이다. 아무런 것에도 거칠 것이 없는 삶을 살다간 성현들의 모습을 새삼 떠올리게 하는 경구다.

23

칭찬을 바라고 선행을 베풀지 말라

악행을 저지르고 남들이 알까 두려워하는 것은 악한 가운데서도 선한 마음이 남아 있기 때문이며, 선행을 베풀고 남들이 빨리 알아 주기를 은근히 바라는 것은 선한 가운데서도 악의 뿌리가 남아 있기 때문이다.

爲惡而畏人知는 惡中에 猶有善路요,
위 악 이 외 인 지   악 중   유 유 선 로

爲善而急人知는 善處卽是惡根이니라.
위 선 이 급 인 지   선 처 즉 시 악 근

한자 풀이

畏(두려워할 외) 猶(오히려 유) 急(급할 급) 卽(곧 즉)

주제 엿보기

어떤 사이비 교인이 무슨 일이든지 성경 말씀을 그대로 인용하여 자신의 행동을 합리화 시키기를 좋아했다. 그래서 그 사람을 옆에서 지켜본 사람이라면 누구나 그를 싫어했다.

어느 날, 그 교인이 어떤 집회에서 설교를 할 기회가 있었다. 그는 설교 도중에 여전히 성경 말씀을 인용하느라 정신이 없었다. 그 사람은 성경을 한 구절도 빠짐없이 모두 외우고 있었기 때문에 청중들은 혀를 내두르며 그의 설교를 칭찬했다. 마지막으로 그 사람은 다음과 같은 성경 구절을 인용하며 설교를 끝냈다.

"만일 어떤 사람이 한 쪽 뺨을 때리거든, 다른 쪽 뺨까지 내 주어라."

우레와 같은 박수 소리를 뒤로한 채 그 사람이 연단

88

을 내려오려고 할 때였다. 갑자기 청중 속에서 어떤 남자가 일어나 연단 위로 당당히 걸어 올라가더니 다짜고짜 그 교인의 뺨을 철썩 때리며 이렇게 말했다.

"다른 쪽 뺨도 마저 내놔야지. 안 그런가?"

얼결에 뺨을 얻어맞은 교인은 깜짝 놀라며 당황했지만 청중들을 의식해서인지, 아니면 자신이 인용한 성경 말씀 때문인지 자신의 다른 뺨을 마저 그 남자 앞에 내주었다. 철썩! 남자는 이번에도 인정사정없이 뺨을 때렸다. 그러더니 그 남자는 아무 일도 없었다는 듯이 성큼성큼 자기의 자리로 돌아갔다.

잠시 후 청중들로부터 감탄의 박수가 쏟아졌다. 교인은 다시 청중들을 향해 인사를 하고는 연단을 내려갔다. 집회가 끝난 후 교인은 아까 자신의 뺨을 때렸던 그 남자를 찾아갔다. 교인은 그 남자를 한쪽 구석으로 끌고 가 마구 때리기 시작했다. 그 남자가 억울한 말투로 항변했다.

"왜 때리는 것이오? 나는 당신 말대로 했는데……."

사이비 교인이 기다렸다는 듯이 대답했다.

"성경에는 뺨을 한 대 때리는 걸로 나와 있어. 결코 두 대가 아니란 말이야!"

주제 요약

누군가 자신의 선행을 칭찬해 주기를 바라는 마음은 곧 위선이다. 위선은 끊임없이 그 가지를 내뻗는다. 우리가 자신도 모르게 그 가지에 잠식당할 때까지…….

24
참다운 지식은 경험에서 나온다

　한때의 괴로움과 즐거움을 서로 끝까지 견딘 후 얻은 행복이라야 그 복이 오래가고, 한번 품은 의심과 믿음을 모두 참작한 끝에 얻은 지식이라야 그 지식이 참되다.

　一苦一樂을 相磨練하여 練極而成福者라야
　　일 고 일 락　　상 마 련　　　연 극 이 성 복 자

　其福始久하고, 一疑一信을 相參勘하여
　　기 복 시 구　　　　일 의 일 신　　상 참 감

　勘極而成知者라야 其知始眞이니라.
　　감 극 이 성 지 자　　　기 지 시 진

한자 풀이

　磨(갈 마) 練(익힐 련) 極(다할 극) 疑(의심할 의)
　勘(헤아릴 감) 參(참여할 참) 始(처음 시)

磨練(마련) : 갈고 닦음.

成福者(성복자) : 복을 이룩한 것.

參勘(참감) : 참작하고 깊이 생각함.   極(극) : 지극.

주제 엿보기

산에서 양을 기르고 사는 목동이 어느 날 바닷가로 여행을 갔다. 태어나서 처음으로 바다를 본 목동은 비할 데 없이 아름다운 바다의 정경에 그만 넋을 잃고 말았다. 그날 따라 바다는 파도 한점 없이 잔잔했으며 고기를 잡는 돛단배들은 순풍을 받아 신나게 바다 위를 달리고 있었다. 목동은 그 광경에 감탄하며 혼자 생각을 했다.

'파도가 저렇게 잔잔하고 바람도 적당하게 부니 배가 침몰할 걱정이 없겠구나.'

목동은 배를 타고 바다를 오가며 장사를 한다면 많은 돈을 벌 수 있을 것이라는 생각을 하게 되었고 산으로 돌아와 곧 양들을 전부 팔았다. 그리고 양을 판 돈으로 목화를 산 다음 배에 신고 무작정 바다로 나갔다. 목동은 그 목화를 바다 건너 외국에 내다 팔면 많은 돈을 벌 수 있을 거란 생각에 흥분되어 가슴이 두근거렸다.

그런데 다음 날 갑자기 하늘에 먹구름이 몰려오더니 번개가 치고 집채만한 파도가 목동의 배를 덮쳤다. 바다에 이는 폭풍을 처음 본 목동은 놀라 온몸을 벌벌 떨기만 할 뿐 아무런 대책도 세울 수가 없었다. 심한 폭풍에 시달리던 목동의 배는 결국 바닷속으로 침몰하고 말았다. 목동은 불행 중 다행으로 겨우 생명을 건져 빈털터리 신세가 되어 고향으로 돌아왔다.

그로부터 몇 년의 세월이 흘렀다. 여전히 양을 치며 살아가던 목동에게 한 친구가 찾아왔다. 그 친구는 목동에게 잔잔한 파도 얘기며 순풍을 받아 신나게 바다 위를 달리는 돛단배 얘기를 했다. 친구의 얘기가 끝나자 잠자코 듣고만 있던 양치기가 퉁명스럽게 말했다.

"자네는 모를 테지만 파도가 잔잔한 건 바다 녀석이 또 뭔가를 갖고 싶다는 뜻이라네."

참다운 지식은 자신의 산 경험에서 나오는 것이다. 상상력과 공상만으로 이루어진 것들은 쉽게 허물어지고 만다. 부지런히 발로 뛰며 몸으로 자신이 직접 체험한 것은 어느 누구도 훔쳐가지 못한다.

25

더럽고 때묻은 것도
받아들이는 도량을 지녀라

　땅이 더러우면 초목이 무성하고 물이 맑으면 물고기가 없다. 그러므로 군자는 마땅히 더럽고 때묻은 것도 받아들이는 도량을 지녀야 하며, 깨끗한 것만을 좋아하여 혼자 행하려는 마음을 가져서는 안 된다.

地之穢者는 多生物하고 水之淸者는 常無魚니라.
지 지 예 자　　　다 생 물　　　　수 지 청 자　　　상 무 어

故로 君子는 堂存含垢納汚之量하고
고　　군 자　　당 존 함 구 납 오 지 량

不可持好潔獨行之操니라.
불 가 지 호 결 독 행 지 조

穢(더러울 예) 垢(때 구) 含(머금을 함) 納(바칠 납)

潔(깨끗할 결) 操(잡을 조)

어휘 풀이

生物(생물) : 살아 있는 생물.

含垢(함구) : 때묻은 것을 받아들임.

納汚(납오) : 더러운 것을 받아들임.

獨行(독행) : 세속의 풍조에 휩쓸리지 않고 지조를 지키
며 살아감.

주제 엿보기

관청에서 서류를 정리하는 서기(書記)가 있었는데, 그
의 꿈은 그 나라의 재상이 되는 것이었다. 그는 주위 사
람들의 비웃음에도 아랑곳없이 자신의 꿈을 실현하기
위해 밤낮으로 학문을 닦는 데에만 전념했다. 과거 시
험에 급제를 하고 벼슬길에 올랐어도 낮에는 자신의 직
분을 성실히 수행하고 밤늦도록 학문을 닦으며 재상의
자리에 오르기 위해 뒷받침이 되는 공부를 결코 게을리

하지 않았다. 그리하여 오랜 세월이 흐른 뒤, 마침내 그는 자신의 꿈을 이루게 되었다.

그는 나이가 연로하여 재상의 자리를 그만두게 되었을 때, 후임자가 찾아와 어떻게 임금을 보필하고 백성을 다스려야 하는지에 대해 물었다. 그는 읽던 책을 잠시 덮고 자신의 후임자를 쳐다보며 넌지시 말했다.

"너무 서두르거나 지나치게 엄하면 안 된다네. 사람들에게 늘 관대하고 무게 있게 대해야 하네. 옛말에도 있지 않은가? 물이 너무 맑으면 고기가 꼬이지 않는 법이라고."

후임자는 잔뜩 기대를 하고 왔다가 너무나 평범한 말에 오히려 코웃음을 치고 돌아갔다.

그러나 그렇게 돌아간 후임자는 재상의 자리에 오른 지 일 년도 못 되어서 백성들의 원성을 사 귀양길에 오르는 신세가 되고 말았다.

때로는 다른 사람의 말을 받아들이고 인정하는 자세가 필요하다. 너무 자신만을 내세우면 외면당하기 쉽다. 상대방의 의견에도 귀를 기울여 주어야만 상대방 또한 나의 말을 존중할 것이다.

26

욕심이 많으면 어리석고 탐욕스러워진다

　사람이 한 번이라도 자신의 욕심을 채우는 데 마음을 쓰면 굳센 기상이 녹아 우유부단해지고, 지혜가 막혀 어리석어지며, 은혜를 잔인하게 변화시켜 깨끗한 마음이 물들어 더럽혀지니 이는 일생의 인품을 파괴시킨다. 그러므로 옛사람들은 탐욕이 없는 것을 보배로 알았으니, 그로써 세상을 초월할 수 있었던 것이다.

人只一念貪私면 便銷剛爲柔하고 塞智爲昏하여
인 지 일 념 탐 사　　　변 소 강 위 유　　　색 지 위 혼

變恩爲慘하고 染潔爲汚하여 壞了一生人品하나니,
변 은 위 참　　　염 결 위 오　　　괴 료 일 생 인 품

故로 古人은 以不貪으로 爲寶하니 所以度越一世니라.
고　　　고 인　　이 불 탐　　　위 보　　　소 이 도 월 일 세

貪(탐할 탐) 銷(녹일 소) 柔(부드러울 유) 塞(막힐 색)

變(변할 변) 染(물들일 염) 壞(무너질 괴)

貪私(탐사) : 사욕을 탐냄. 所以(소이) : 까닭, 방법.

度越(도월) : 건너감. 壞了(괴료) : 무너뜨림.

只(지) : 단지.

주제 엿보기

어떤 과부가 시장에서 암탉 한 마리를 사왔다. 암탉은 매일매일 달걀 한 개를 낳았다. 그 달걀을 모아 장날에 내다 팔기로 한 과부는 암탉에게 모이를 좀더 많이 주면 하루에 달걀을 두 개씩 낳지 않을까 하고 생각했다.

과부는 그날부터 암탉에게 모이를 두 배로 많이 주며 암탉이 달걀을 두 개씩 낳기를 기다렸다. 다음 날, 그 다음 날에도 암탉이 달걀을 한 개밖에 낳지 않자 과부는 모이의 양을 점차 늘렸다.

며칠이 지난 후, 모이를 많이 먹고 몸이 불어난 암탉은 결국 하루에 한 개씩 낳던 달걀도 그나마 낳지 못하게 되었다.

주제 요약

지나친 욕심은 모든 일을 망친다. 절제가 미덕인 것도 바로 그 까닭이다. 욕심에 눈이 멀어지는 어리석음을 범하지 않아야 한다.

27

정신을 차리고 항상 깨어 있으라

　귀로 듣고 눈으로 보는 것은 밖의 도적이요, 정욕과 의식은 안의 도적이다. 주인인 본심이 정신을 차리고 또렷이 깨어 홀로 중심에 자리잡고 있으면 모름지기 이러한 적들도 한집안 식구가 될 것이다.

　耳目見聞은 爲外賊이요 情欲意識은 爲內賊이니,
　이 목 견 문　　위 외 적　　　정 욕 의 식　　위 내 적

　只是主人翁이 惺惺不昧하여 獨坐中堂이면
　지 시 주 인 옹　　성 성 불 매　　　독 좌 중 당

　賊便化爲家人矣니라.
　적 변 화 위 가 인 의

한자 풀이

賊(도적 적) 欲(하고자 할 욕) 職(벼슬 직) 翁(늙은이 옹)
惺(영리할 성) 昧(어두울 매) 獨(홀로 독) 便(쪽·방향 편)

主人翁(주인옹) : 마음의 주인.

惺惺(성성) : 정신을 차려 흐트러짐이 없이 깨어 있는
모양.

不昧(불매) : 어둡지 않음.   中堂(중당) : 가슴속.

家人(가인) : 한집안 식구.

주제 엿보기

이웃 나라와의 전쟁에서 승패를 좌우할 마지막 결전
을 앞두고 장군이 군사들을 모두 불러모았다. 자신들보
다 이웃 나라의 군사력이 월등히 막강한 것을 알고 있
는 군사들은 모두들 죽음을 각오한 듯 숙연한 표정들이
었다.

장군은 아무런 말도 없이 그런 군사들의 모습을 지켜
보고 서 있다가 주머니 속에서 작은 동전 한 닢을 손에
꺼내들었다. 영문을 몰라 호기심 어린 눈초리로 자기를
쳐다보는 부하들에게 장군이 큰 소리로 말했다.

"이 동전의 앞면을 보라! 내가 지금 이 동전을 던졌다
가 손바닥으로 잡아 폈을 때, 이렇게 앞면이 나오면 승

리는 분명 우리의 것이다. 그렇지만 그 반대의 경우, 만약 동전의 뒷면이 나올 때는 우리는 패하고 말 것이다."

장군은 이어 공중으로 그 동전을 높이 던져 올렸다. 그리고 다른 손으로 떨어지는 동전을 잽싸게 거머쥐었다. 군사들은 일제히 동전을 거머쥔 장군의 손을 바라보았다. 가느다란 숨소리조차도 들려오지 않는 순간이었다. 장군은 천천히 동전을 거머쥔 손바닥을 폈다.

이윽고 군사들의 환호성이 하늘을 찌를 듯 울려 퍼졌다. 장군의 손바닥에서 동전의 앞면이 반짝반짝 빛나고 있었다. 장군은 그 기세를 몰아 곧바로 군사들에게 진격 명령을 내렸다. 군사들의 사기는 하늘 높은 줄을 몰랐고 싸움에서 큰 승리를 거둘 수 있었다.

그날 저녁, 승리를 축하하는 산치가 벌어지고 군사들은 장군을 에워싸고 노래를 불렀다. 모두들 술에 취해 흥이 무르익었을 무렵 장군의 부하 중에서 한 명이 장군에게 말했다.

"장군님! 아까 장군님께서 가지고 계시던 동전을 한 번 더 보여 주십시오. 그 동전은 분명 오늘의 승리를 예측한 신의 동전입니다."

부하의 말에 장군은 주머니 속에서 동전을 꺼내 보여 주었다. 동전을 유심히 살펴보던 부하는 이상하다는 듯이 고개를 갸웃거렸다. 그도 그럴 것이 장군이 보여 준 동전은 앞면과 뒷면이 똑같은 동전이었던 것이다.

> **주제 요약**
>
> 무슨 일이든 미리 절망하지 말고 마음을 굳게 다잡아야 한다. 정신이 깨어 있으면 우리가 절망할 일이란 세상에 그렇게 많지가 않다.

28

편안할 때에 어려울 때를 생각하라

한가할 때 세월을 헛되이 보내지 않으면 바쁠 때 도움이
되고, 고요할 때 마음을 허망함에 두지 않으면 활동할 때 도
움이 되며, 어둠 속에서 스스로를 속이지 않으면 밝은 곳에
서 도움이 될 것이다.

閒中에 不放過하면 忙處에 有受用하고,
한 중   불 방 과   망 처   유 수 용
靜中에 不落空이면 動處에 有受用하며,
정 중   불 락 공   동 처   유 수 용
暗中에 不欺隱이면 明處에 有受用이니라.
암 중   불 기 은   명 처   유 수 용

한자 풀이

閒(틈 한) 忙(바쁠 망) 靜(고요할 정) 欺(속일 기)
隱(숨길 은) 受(받을 수) 處(살 처)

放過(방과) : 시간을 헛되이 흘러 보냄.

受用(수용) : 쓸모. 받아서 사용함.

落空(낙공) : 마음을 허공에 떨어뜨림.

欺隱(기은) : 속이고 숨기는 것.

주제 엿보기

어떤 마을에 큰 부자가 있었는데 하나뿐인 아들을 돈으로만 키웠다. 이윽고 부모가 모두 죽자 아들은 막대한 유산을 물려받았다. 아들은 흥청망청 돈을 물 쓰듯 쓰며 방탕한 생활에 빠졌다. 결국 그는 전 재산을 몽땅 날리고 거리에 나앉는 신세가 되었다.

겨울이 되었다. 그에게 남은 것은 입고 있는 털외투가 전부였다. 어느 따뜻한 겨울날, 거리를 걷던 그는 제비 한 마리가 지붕 위로 날아가는 것을 보고 봄이 왔다고 생각하곤 외투를 팔아 허기진 배를 채웠다.

그런데 다음 날이 되자 날씨는 다시 무섭게 추워졌다. 추위에 몸을 떨며 길을 걷던 그는 길가에서 얼어 죽은 제비를 보았다. 그는 제비를 보며 한숨 섞인 탄식을 했다.

"제비야, 어리석기로는 우리 둘 다 마찬가지구나."

주제 요약

사람의 일은 나중을 모르는 법이다. 미래를 위해 대비하지 않는 삶은 그날그날 벌어먹고 사는 막노동꾼의 삶과 다를 바 없다.

29
자신의 희생을 의심하지 말라

남을 위해 자신을 희생하기로 하였거든 의심을 품지 말라. 의심을 품으면 희생하려던 본래 마음이 부끄러워진다. 남에게 베풀기로 하였거든 갚아 주기를 재촉하지 말라. 갚아 주기를 재촉하면 베푼 마음까지도 함께 그르친다.

舍己어든 毋處其疑하라. 處其疑하면 卽所舍之志에
사 기　　　무 처 기 의　　　처 기 의　　　즉 소 사 지 지

多愧矣리라. 施人이어든 毋責其報하라.
다 괴 의　　　시 인　　　무 책 기 보

責其報하면 倂所施之心이 俱非矣니라.
책 기 보　　　병 소 시 지 심　　　구 비 의

한자 풀이

舍(집 사) 毋(말·아닐 무) 疑(의심할 의) 卽(곧 즉)
愧(부끄러워할 괴) 倂(아우를 병) 俱(함께 구)

舍己(사기) : 자기 자신을 버림.
毋處(무처) : ~에 처하지 말라.
所舍之志(소사지지) : 버린 바의 뜻.
所施之心(소시지심) : 베푼 바의 마음.   俱(구) : 함께.

주제 엿보기

어느 날 숲에 사는 독수리와 원숭이 그리고 토끼가 신전에서 놀고 있었다. 한참을 신나게 놀고 있는데 그 신전의 신이 나타나더니 배가 고프니 먹을 것을 좀 구해 오라는 명령을 내렸다. 세 마리의 동물은 각자 신전의 신을 위해 음식을 구하러 밖으로 나갔다.

잠시 후 독수리는 물고기를 물어왔고, 원숭이는 과일을 들고 왔는데, 웬일인지 토끼는 나뭇가지들을 잔뜩 모아왔다. 토끼는 모아온 나뭇가지들로 모닥불을 지피더니 불 속으로 뛰어들며 신에게 말했다.

"제가 익거든 맛있게 잡수시기를 바랍니다."

어느 누구도 토끼를 말릴 시간조차 없는 짧은 순간이었다. 토끼의 행동에 감탄한 신은 그 갸륵한 마음을 잊

지 않으려고 토끼의 영혼을 달로 인도했다.

> **주제 요약**
>
> 자신을 희생할 줄 아는 사람만이 사람의 참된 의미를
> 깨달을 수 있다. 더구나 목숨을 버리는 희생이라니, 세
> 상에 그보다 더 큰 사랑이 있을 것인가?

30

자신의 인격은 스스로가 만든다

평범한 백성이라 할지라도 즐겨 덕을 심고 은혜를 베풀면 곧 벼슬 없는 재상인 것이요, 사대부라 할지라도 한갓 권세를 탐내고 은총을 팔면 결국 벼슬 있는 걸인과 같다.

平民도 肯種德施惠하면 便是無位的公相이요
평민　긍종덕시혜　　　변시무위적공상

士夫도 徒貪權市寵하면 竟成有爵的乞人이니라.
사부　도탐권시총　　　경성유작적걸인

한자 풀이

肯(옳게 여길 긍) 惠(은혜 혜) 貪(탐할 탐) 寵(괼 총)

어휘 풀이

無位(무위) : 지위가 없는.　公相(공상) : 재상.
乞人(걸인) : 거지.

세상을 정처 없이 떠돌아다니는 한 나그네가 어떤 마을을 지나게 되었다. 그 마을에는 흉년이 들어서 집집마다 굶어 죽는 사람이 줄을 이었다. 마을의 주막에서도 쌀이 없어 손님들을 받지 않았기 때문에 나그네는 어쩔 수 없이 빈 상여집에서 하룻밤을 묵어가게 되었다.

상여집에는 방이 두 개 있었는데, 한 방에는 관이 수십 개도 넘게 널려 있었고 반대쪽 방에는 관이 하나만 놓여 있었다.

한밤중이 되어 나그네가 잠을 청하려는데 관 속에서 시체의 손이 쑤욱 나왔다. 그런데 수십 개의 관이 놓인 방에서 나온 손들은 모두 비쩍 말라 있는데 비해 관 한 개만 놓인 방의 관에서 나온 손만은 어쩐지 살이 올라 통통했다. 나그네는 두려움에 떨다가 용기를 내어 말했다.

"귀신들아! 저승갈 노자를 달라는 말이냐?"

나그네는 허리춤에 꿰찬 전대를 풀어 시체들의 손에 엽전 한 닢씩을 쥐어 주었다. 그러자 비쩍 마른 귀신들의 손은 모두 관 속으로 들어갔는데 웬일인지 살이 통

통히 오른 귀신의 손만은 여전히 들어가지 않고 나와 있었다. 그것을 본 나그네가 말했다.

"너는 한 닢으로는 만족하지 못하는 것 같으니 한 닢 더 주마."

나그네는 다시 엽전 한 닢을 손에 쥐어 주었다. 그런데도 그 손은 들어가지 않았다. 나그네는 조금씩 그 수를 늘려 엽전을 몇 십 냥이나 더 손에 쥐어 주었지만 그 손은 꼼짝도 하지 않았다. 마침내 나그네는 화가 나서 소리를 버럭 질렀다.

"참으로 욕심이 많은 놈이로구나!"

그러면서 나그네는 아예 돈이 들어 있는 전대를 손에 쥐어 주니, 그제서야 손이 관 속으로 들어갔다. 이상한 생각이 든 나그네는 등불을 들고 관을 하나하나 비춰보았다. 한쪽 방에 놓여진 수십 개의 관에는 전부 가난한 백성들의 이름이 적혀 있었는데 반대쪽 방에 놓인 한 개의 관에는 마을의 관리 누구라고 적혀 있었다.

주제 요약

세상에는 인간의 탈을 쓴 동물도 있고, 동물의 탈을 쓴 인간도 있다. 인간답게 산다는 것은 결국 둘 가운데 어느 것도 아닌 원래의 타고난 인간의 모습 그대로를 사는 것이다. 탐욕과 거짓 즐거움에서 벗어나 나누고 베푸는 삶이 타고난 인간의 본래 모습이다.

31

선은 거짓이 없어야 한다

　군자로서 선을 속인다면 소인이 악행을 마음대로 저지르는 것과 다름이 없고, 군자로서 절개를 버린다면 소인이 스스로 잘못을 뉘우쳐 새롭게 되는 것만 못 하다.

君子而詐善이면 無異小人之肆惡이요,
군 자 이 사 선　　　무 이 소 인 지 사 악

君子而改節이면 不及小人之自新이니라.
군 자 이 개 절　　　불 급 소 인 지 자 신

한자 풀이

詐(속일 사) 肆(방자할 사) 惡(악할 악) 異(다를 이)

어휘 풀이

詐善(사선) : 선한 체 속이는 것.
無異(무이) : 다르지 않음.

肆惡(사악) : 멋대로 나쁜 짓을 저지르는 것.
改節(개절) : 절개를 바꿈.   不及(불급) : 미치지 못함.

주제 엿보기

늘어 기력이 쇠약해진 고양이가 전처럼 쥐를 잡을 수
가 없게 되자 어떻게 하면 힘들게 몸을 움직이지 않고
쥐들을 사냥할 수 있을까 하고 골똘하게 궁리했다. 고
양이는 밤낮으로 그 궁리를 하며 돌아다니다가 어느 날
부엌의 하수도 옆에 난 작은 쥐구멍을 발견하곤 기뻐
탄성을 질렀다.

고양이는 그날 저녁부터 쥐구멍 앞에서 눈을 감은 채
웅크리고 앉아 있었다. 깜짝 놀란 쥐들은 처음에는 도
망치기에 바빴지만 며칠이 지나도 고양이가 자신들을
해칠 기미를 보이지 않자 쥐들의 우두머리가 용기를 내
어 고양이에게 다가서서 말을 걸었다.

"도대체 여기 앉아서 뭘 하시는 건가요?"

고양이는 속으로 쾌재를 불렀지만 아무렇지도 않다
는 듯 여전히 눈을 감은 채 덤덤하게 말했다.

"나는 지금 지난 일을 속죄하고 있는 거야. 젊었을 때 자네의 동료들을 너무 많이 잡아먹은 것이 지금에는 마음에 걸려 이렇게 죄를 뉘우치는 뜻으로 그 가여운 영혼들을 위해 날마다 기도를 하고 있는 거라네."

고양이의 참회의 말을 들은 우두머리 쥐는 왠지 그 말이 마음에 와닿았다. 더군다나 자신들이 고양이 곁에 가까이 가도 예전처럼 그렇게 덤벼들지 않았기 때문에 고양이의 말은 더욱 그럴듯하게 들렸다.

우두머리 쥐는 고양이와 사이좋게 지내자고 화해의 악수를 청했다. 고양이는 자신을 용서해 주어서 고맙다 며 눈물을 글썽거리기까지 했다. 그래서 고양이와 쥐들 은 함께 지내게 되었다.

그러나 고양이는 쥐들과 어울려 놀다가도 저녁이 되 어 모두들 깊은 잠에 빠지면 몰래 한두 마리씩 쥐를 잡 아먹었다. 그런 사실을 까마득하게 알지 못하는 쥐들은 고양이의 주변을 빙글빙글 맴돌기도 하고 갖은 재롱을 부리기도 했다.

이렇게 한 달 정도가 지나자 쥐들의 수가 줄어든 것 이 확연히 드러났다. 우두머리 쥐는 아무래도 늙은 고양이가 미심쩍었다. 아무것도 먹지를 않는데도 몸이 마르기는커녕 전보다 훨씬 더 살이 오르고 털에는 윤기가 자르르 흘렀다. 우두머리 쥐는 은밀하게 고양이의 행동을 살피라고 지시를 했고, 마침내 밤만 되면 고양이가 몰래 일어나 자신들의 동료를 잡아먹는다는 사실을 알게 되었다.

우두머리 쥐는 자신의 어리석음을 한탄하며 고양이는 고양이일 수밖에 없다는 말을 남기고 다른 쥐들과 함께 그 집을 떠났다.

> **주제 요약**
>
> 아직도 우리 주변에는 그럴싸한 언행으로 자신을 포장하고 가식으로 살아가는 사람들이 많다. 중요한 것은 겉으로 드러나는 것이 아니라 자신밖에 볼 수 없는 내면의 세계이다.

32

입에 맞는 음식은
몸을 상하게 하는 독약이다

입맛에 맞는 음식은 전부 창자를 녹이고 뼈를 썩히는 독
약이니 반쯤 먹어야 재앙이 없고, 마음에 유쾌한 일은 전부
몸을 망치고 덕을 해치는 매개물이니 반쯤 해야 후회가 없
을 것이다.

爽口之味는 皆爛腸腐骨之藥이니 五分이면
상 구 지 미　개 란 장 부 골 지 약　　오 분

便無殃이요, 快心之事는 悉敗身喪德之媒니
변 무 앙　　쾌 심 지 사　실 패 신 상 덕 지 매

五分이면 便無悔니라.
오 분　　변 무 회

한자 풀이

爽(시원할 상) 爛(문드러질 란) 腐(썩을 부) 殃(재앙 앙)
悉(다 실) 喪(죽을 상) 媒(중매·매개 매)

어휘 풀이

爽口之味(상구지미) : 입에 맞는 맛있는 음식.
爛腸(난장) : 창자를 곯게 함.   媒(매) : 매개물.

주제 엿보기

한 나라의 왕이 꿈에서 귀신의 저주를 받아 병이 들었다. 왕은 유명한 점쟁이를 불러 해몽을 시켰다. 왕의 꿈 얘기를 듣고 난 점쟁이는 한참을 생각에 잠겼다가 왕에게 말했다.

"사실대로 말씀을 올려도 되겠습니까?"

점쟁이의 말에 왕이 스스럼없이 말하라고 하명을 했다. 왕의 하명에도 점쟁이는 얼마간 망설이더니 머뭇거리면서 왕에게 말했다.

"제 점괘로는 대왕께서는 올해 거두는 햇곡식을 잡수시기 전에 세상을 하직하실 것으로 나왔습니다."

점쟁이를 돌려보낸 후 왕은 깊은 근심에 잠겼다. 병세는 날로 악화되었고 나라 안의 모든 의원들은 왕의 몸을 진찰하곤 모두들 고개를 가로젓고 돌아갔다.

마침내 왕은 이웃 나라에 사신을 보내 그 나라 제일의 명의를 보내 줄 것을 부탁했다. 이웃 나라에서는 왕의 부탁을 받아들여 급히 명의를 보냈다. 이웃 나라의 명의가 도착하기 전날 밤, 왕은 또 악몽을 꾸게 되었다. 꿈 속에서 어린 동자 모습을 한 병마(病魔) 둘이서 서로 얘기를 나누고 있었다. 청색 옷을 입은 한 동자가 말했다.

"명의에게 죽지 말고 도망가는 게 어때?"

그러자 붉은 색 옷을 입은 다른 동자가 말했다.

"걱정 마. 심장 아래와 명치 끝 가로막 속에 숨으면 돼."

이웃 나라의 명의는 왕을 진찰한 뒤에 고개를 가로저으며 근심스럽게 말했다.

"병마가 고황에 들어 있어서 침도 닿지 않고 약효도 미치지 않습니다."

왕은 명의에게 후한 대접을 하고 귀한 선물을 주어 이웃 나라로 돌려보낸 뒤, 신하들에게 일러 햅쌀로 밥을 지어 올리게 했다. 그리고 점쟁이를 잡아들여 해괴한 해몽을 한 죄를 물어 목을 베었다.

이윽고 신하들이 햅쌀로 지은 밥을 왕에게 올렸지만

결국 왕은 그 밥을 다 먹지도 못하고 밥 먹는 도중에 급사하고 말았다.

주제 요약

모든 일을 너무 자기의 뜻에만 맞게 처리해서는 안 된다. 음식이든, 즐거움이든 너무 많이 탐하다 보면 몸에 해롭고, 일도 자신의 소신대로만 밀고 나가지 말고 순리를 따라 처리해야 이롭다.

33

남의 잘못을 꾸짖지 말라

 남의 사소한 잘못을 꾸짖지 말고, 남의 비밀을 들추어내지 아니하며, 남의 지난날 허물을 생각지 말라. 이 세 가지를 따르면 덕을 기를 수 있고 해를 멀리할 수 있을 것이다.

不責人小過하고 不發人陰私하며 不念人舊惡하라.
불 책 인 소 과　　　 불 발 인 음 사　　　 불 념 인 구 악

三者는 可以養德하고 亦可以遠害니라.
삼 자　　 가 이 양 덕　　　 역 가 이 원 해

한자 풀이

責(꾸짖을 책) 過(지날 과) 陰(그늘 음) 私(사사 사)
舊(옛 구) 亦(또 역) 害(해칠 해) 遠(멀 원)

小過(소과) : 작은 잘못.   陰私(음사) : 사사로운 비밀.
舊惡(구악) : 옛날에 저지른 잘못.
養德(양덕) : 덕을 기름.
不責(불책) : 나무라지 않음.
遠害(원해) : 해를 멀리함.

주제 엿보기

　유치원에서 아이들이 모여 선생님과 함께 점심을 먹기 전에 기도를 올리고 있었다. 그날의 점심 메뉴는 아이들이 제일 좋아하는 김밥이었다. 그런데 기도를 하고 있던 도중 한 아이가 살짝 눈을 떠보니, 옆에 앉은 아이가 몰래 김밥 하나를 집어먹는 것이었다. 그 모습을 지켜본 아이가 선생님에게 그 일을 고자질했다.

　"선생님, 쟤는 기도를 하지 않고 선생님이 기도를 하는 도중에 혼자 몰래 김밥을 집어먹었어요."

　그렇지만 선생님은 김밥을 몰래 집어먹은 아이를 야단치는 대신 자기에게 고자질한 아이에게 이렇게 말했다.

"잘못을 저지른 사람보다 친구의 잘못을 고자질하는 사람이 더 나쁜 사람이란다."

주제 요약

남의 허물을 덮어 주고 용서해 주는 관대한 사람만이 참된 인생을 살아갈 수 있다.

34
젊고 번성할 때를 조심하라

늘어서 오는 질병은 모두가 젊었을 때 불러들인 것이며, 쇠약해진 뒤의 재앙은 전부 젊었을 때에 지은 것이다. 모름지기 군자는 젊고 번성할 때 조심해야 한다.

老來疾病은 都是壯時招的이요 衰後孽은
노 래 질 병   도 시 장 시 초 적   쇠 후 얼

都是盛時作的이니, 故로 持盈履滿을 君子는
도 시 성 시 작 적   고   지 영 이 만   군 자

尤兢兢焉이라.
우 긍 긍 언

老來(노래) : 늙음.

持盈履滿(지영이만) : 지위나 위세가 극도에 달함.

兢兢(긍긍) : 전전긍긍함.

壯時(장시) : 왕성한 젊은 시절.

罪孽(죄얼) : 죄, 재앙. 衰後(쇠후) : 운수가 쇠퇴함.

주제 엿보기

한 아이가 같은 반 친구가 새로 산 공책을 자랑하자 그 공책을 갖고 싶은 마음을 억누르지 못해 그만 친구가 화장실을 간 사이에 그 공책을 훔쳐 집으로 돌아왔다. 그날 저녁, 아이는 그것이 잘못인지도 모르고 어머니에게 오늘 자기가 한 일을 자랑삼아 말했다.

그런데 아이의 어머니는 그런 아들을 꾸짖지 않고 오히려 칭찬까지 해주었다.

"참, 잘했구나. 다음에는 또 무엇을 훔쳐올 거니?"

어머니의 칭찬을 받은 아이는 의기양양해져서 며칠 후에는 같은 반 친구의 돈을 훔쳐와 어머니에게 자랑을 했다. 아이의 어머니는 지난번보다 더 많은 칭찬을 해

주며 아이의 머리를 쓰다듬어 주었다.

"이 세상에서 네가 가지고 싶은 것이 있으면 어떻게 해서든지 가지도록 하렴."

어머니의 말을 들은 아이는 꼭 그렇게 하겠다고 마음속으로 굳은 다짐을 했다. 나이를 먹으면서 아이가 훔치는 것도 점점 크고 다양해졌다. 돈은 물론이고 보석과 값비싼 장신구에 이르기까지 아이는 어느 새 큰 도둑이 되어 있었다.

어느 날 밤 보석상을 털던 그는 주인에게 들켜 자기도 모르게 주인을 칼로 찔러 죽이는 살인을 저지르고 말았다. 마침내 경찰관에게 붙잡혀 법정에 서게 된 그는 사형을 선고받고 사형장으로 끌려가게 되었다. 그런 아들을 뒤따르는 어머니는 가슴을 치면서 통곡을 했다.

사형이 집행되기 전에 집행관이 그에게 마지막 소원이 무엇이냐고 물었다. 그는 어머니와 단둘이 할 말이 있으니 잠깐만 같이 있게 해달라고 간청했다. 집행관은 그의 간청을 들어 주어 어머니를 아들 곁으로 불렀다. 어머니가 가까이 다가가자 그는 귓속말을 하려는 듯 어머니의 귀로 입술을 가져가더니 이빨로 사정없이 어머니의 귀를 물어뜯었다. 놀란 어머니가 비명을 지르며 말했다.

"너는 지금까지 지은 죄도 큰데 이제 죽으면서 이 어미의 귀까지 물어뜯는 불효를 저지르는구나!"

어머니의 호통에 아들이 싸늘하게 말했다.

"제가 맨 처음 친구의 공책을 훔쳐왔을 때 어머니께서 지금처럼 저를 호통치셨다면 오늘과 같은 일은 결코 일어나지 않았을 것입니다!"

주제 요약

'세 살 적 버릇이 여든까지 간다.'는 옛말이 있다. 어려서부터 행실을 바로잡지 못하면 평생토록 후회할 일만 생길 것이다.

35
새로 사귄 벗은 오랜 친구만 못하다

　사사로운 은혜를 베푸는 일은 공정한 여론을 돕는 것만 못하고, 새로운 벗을 사귀는 일은 옛 친구와의 우정을 돈독히 하는 것만 못하다. 영광스러운 이름을 세우는 일은 숨은 덕을 심는 것만 못 하고, 기이한 절조를 숭상하는 일은 평상시의 행실을 삼가는 것만 못 하다.

市私恩은 不如扶公議요, 結新知는 不如敦舊好라.
시 사 은　　불 여 부 공 의　　결 신 지　　불 여 돈 구 호

立榮名은 不如種隱德이요, 尙奇節은
입 영 명　　불 여 종 은 덕　　　　상 기 절

不如謹庸行이니라.
불 여 근 용 행

敦(도타울 돈) 舊(옛 구) 隱(숨길 은) 寄(부칠 기)

庸(쓸 용) 謹(삼갈 근)

私恩(사은) : 개인적인 은혜.

公儀(공의) : 공정한 공론.

隱德(은덕) : 숨은 덕.   奇節(기절) : 기이한 절행.

庸行(용행) : 평상시의 일상적인 행동.

新知(신지) : 새로운 지우.

주제 엿보기

양치기가 저녁에 양들을 우리로 몰고 와서 보니 야생 산양이 몇 마리 섞여 있는 것을 발견했다. 양치기는 산양들을 키울 생각으로 자신의 양들에게는 마른 건초를 주고 산양들에게는 맛있는 귀리를 주었다.

다음 날 아침이 되어 양치기는 산양들과 양떼를 몰고 산으로 올라갔는데 산기슭에 도착하자마자 산양들이 산 위로 도망쳐버렸다. 양치기는 산양들에게 은혜도 모르는 녀석들이라고 고함을 질렀다. 양치기의 말에 산양들은 이렇게 대답했다.

"당신은 오랫동안 키워온 양들보다 새로 온 우리들에게 더 정성을 쏟았어요. 그건 바로 나중에 다른 양들이 새로 오게 될 경우 당신이 우리를 또 그렇게 외면할 수도 있다는 증거잖아요?"

주제 요약

너무 새로운 것에만 욕심을 내지 마라. 친구와 포도주는 오래된 것일수록 그 가치가 귀하다.

36
선행을 베풀지 않고 칭찬을 바라지 말라

자신의 뜻을 굽혀 남을 즐겁게 하는 일은 자신을 곧게 세워 남의 미움을 사느니만 못 하고, 선행을 베풀지 않고 남의 칭찬을 받는 일은 악행을 범하지 않고도 남의 비난을 받느니만 못 하다.

曲意而使人喜는 不若直躬而使人忌하고
곡 의 이 사 인 희   불 약 직 궁 이 사 인 기

無善而致人譽는 不若無惡而致人毁니라.
무 선 이 치 인 예   불 약 무 악 이 치 인 훼

한자 풀이

躬(몸 궁) 忌(꺼릴 기) 譽(기릴 예) 致(보낼 치)
毁(헐뜯을 훼) 義(옳을 의)

주제 엿보기

나무꾼이 산에서 나무를 하고 있는데 늑대 한 마리가 사냥꾼에게 쫓겨 허겁지겁 달려왔다. 늑대는 놀라 도망치려는 나무꾼의 앞을 가로막고 살려 달라고 간절하게 애원했다. 늑대의 간청에 못 이긴 나무꾼은 늑대를 자신의 나뭇단 속에 숨겨 주었다.

잠시 후 사냥꾼이 나무꾼에게 다가와 늑대를 보지 못했느냐고 물었다. 그러자 나무꾼은 입으로는 보지 못했다고 말하면서 손가락으로 자신의 나뭇단을 가리켰다. 그런데 이를 보지 못한 사냥꾼은 늑대를 찾아 어디론가 가 버렸다.

사냥꾼이 가자 나뭇단 속에서 나온 늑대는 나무꾼을

향해 이빨을 드러냈다. 놀란 나무꾼이 벌벌 떨며 목숨을 구해 준 대가가 이것이냐고 나무라자 늑대가 말했다.

"말로는 나를 숨겨 주었지만 행동으로는 나를 죽인 셈이다."

말을 마친 늑대는 나무꾼에게로 달려들었다.

주제 요약

선행을 베풀 때에는 남의 칭찬이나 대가를 바라지 말라. 오로지 선한 마음만을 거기 남겨두어라.

37

친구의 잘못을 보면 적절하게 충고하라

부모나 형제 같은 혈족이 변을 당했을 때는 마땅히 조용해야지 격정을 보여서는 안 된다. 친구와 교우하며 잘못을 보았을 때는 마땅히 적절하게 충고를 해야지 망설여서는 안 된다.

處父兄骨肉之變하면 宜從容하고 不宜激烈하며
처 부 형 골 육 지 변   의 종 용   불 의 격 렬

遇朋友交遊之失하면 宜凱切하고 不宜優遊니라.
우 붕 우 교 유 지 실   의 개 절   불 의 우 유

한자 풀이

變(변할 변) 從(좇을 종) 激(물결 부딪쳐 흐를 격)
遇(만날 우) 凱(즐길 개) 功(공 공) 宜(마땅할 의)

어휘 풀이

骨肉(골육) : 피와 살을 나눈 육친. 從容(종용) : 조용함.
激烈(격렬) : 감정이 격해짐. 優遊(우유) : 우유부단함.
凱切(개절) : 적절하고 간절함.

더운 여름철, 화창하던 날씨가 돌연 먹구름이 끼면서 금방이라도 소나기가 쏟아질 기세였다. 외출을 하려는 스승을 보고 제자가 급히 우산을 찾았지만 집에는 우산이 없었다.

"스승님, 잠시 기다리십시오. 옆집에서 우산을 빌려 오겠습니다."

제자의 말에 스승이 대답했다.

"그럴 필요없다. 내가 겪은 바로는 옆집 사람은 남에게 몹시 인색하다. 다른 사람과 사이좋게 지내려면 그 사람의 장점은 칭찬해 주되, 단점은 피해야 하는 법이다."

주제 요약

장점을 키워 주고 단점을 바로잡아 주는 교육이 가장 큰 가르침이다. 사랑하는 사람이거나 가까운 사람일수록 함부로 단점을 꼬집어서는 안 된다. 유순한 말로 타이르거나 자신이 직접 행동으로 보여 주라.

38

지나친 편안함은 화를 부른다

　쇠락하는 모습은 풍성한 가운데 있고 생장하는 움직임은 시듦 속에 있다. 그러므로 군자는 안락할 때에 올바른 마음을 가져 후환이 없게 하고, 어려움에 처했을 때에 백번을 굳게 참아 성공을 도모해야 한다.

衰颯的景象은 就在盛滿中하고 發生的機緘은
쇠 삽 적 경 상　　취 재 성 만 중　　　발 생 적 기 함

卽在零落內라. 故로 君子는 居安엔
즉 재 영 락 내　　　고　　군 자　　거 안

宜操一心以慮患하고 處變엔 當堅百忍以圖成이라.
의 조 일 심 이 려 환　　　처 변　　당 견 백 인 이 도 성

衰颯(쇠삽) : 쇠퇴하여 쓸쓸함.

景象(경상) : 풍경 모습.

盛滿(성만) : 번성하고 가득 참.

機緘(기함) : 기미, 작용.   零落(영락) : 시듦. 떨어짐.

發生(발생) : 새 생명이 태어남.

주제 엿보기

한 농부가 신을 찾아가서 이렇게 부탁했다.

"일 년만 제가 원하는 대로 날씨를 조절할 수 있는 능력을 주십시오. 그렇게만 해주시면 일 년이 지난 후, 이 세상에서 가난이 사라지도록 하겠습니다."

신은 농부의 부탁대로 농부에게 일 년 동안 날씨를 조절할 수 있는 능력을 주었다. 농부는 봄에는 알맞은 비를, 여름에는 뜨거운 태양을, 가을에는 서늘한 바람을 적당히 불게 하여 농사일에 최적의 기후만을 선택했다. 매년 불어 닥치던 폭풍도 없었고, 가뭄과 홍수의 피해도 없었다.

마침내 수확기가 되었다. 농부는 부푼 마음으로 들판

으로 나갔다. 그런데 들판의 곡식은 전부 쭉정이만 있을 뿐, 제대로 알맹이가 든 곡식은 하나도 없었다. 낙담한 농부가 신을 찾아가 물었다.

"어떻게 된 노릇입니까? 무엇이 잘못된 겁니까?"

실망에 찬 농부의 말에 신이 대답했다.

"자연에 대한 도전이 없었던 까닭이다. 폭풍우가 몰아치면 꿋꿋이 이겨 내고, 가뭄과 홍수가 번갈아 일어나도 제 힘으로 버텨내는 극기가 있어야 하는데 그것이 없었던 탓이다. 세상에서 노력하지 않고 얻는 것들은 모두 그 곡식의 쭉정이와 같이 쓸모없는 것들 뿐이지. 스스로의 힘으로 시련과 고난을 헤치고 나왔을 때 비로소 껍데기 속의 곡식들이 알알이 여무는 것처럼 인간의 영혼도 더 아름답고 고귀해지는 법이라네!"

주제 요약

한 알의 여리고 작은 씨알이 단단한 땅을 뚫고 나와 비바람도 이기고 뜨거운 태양도 견뎌 낸 후라야 튼실한 열매를 맺을 수 있는 것이다. 인생 또한 그러하다.

39

자기의 장점으로
남의 단점을 드러내지 말라

한쪽만 편벽되게 믿어 간사한 이에게 속지 말고, 스스로의
힘만 믿고 객기를 부리지 말며, 자신의 장점으로써 남의 단
점을 들춰내지 말고, 자신의 서투름으로 인해서 남의 유능함
을 시기하지 말라.

毋偏信而爲奸所欺하고, 毋自任而爲氣所使하며,
무 편 신 이 위 간 소 기　　　무 자 임 이 위 기 소 사

毋以己之長而形人之短하고,
무 이 기 지 장 이 형 인 지 단

毋因己之拙而忌人之能하라.
무 인 기 지 졸 이 기 인 지 능

欺(속일 기) 毋(말 무) 因(인할 인) 拙(졸할 졸)
忌(꺼릴 기) 偏(치우칠 편)

偏信(편신) : 한쪽으로 치우친 믿음.
自任(자임) : 스스로 신임함.
爲氣所使(위기소사) : 객기의 부림을 당함.

주제 엿보기

옛날에 프로메테우스가 인간을 처음 창조했을 때 프로메테우스는 인간들에게 두 개의 주머니를 만들어 주었다. 둘 중 앞에 매단 한 주머니에는 다른 사람들의 단점을 넣었고, 뒤에 매단 나머지 한 주머니에는 자신의 단점을 넣어서 매달아 주었다. 그 결과 인간들은 다른 사람의 단점은 금방 발견하면서도 자기 자신의 단점은 보지 못하게 된 것이다.

주제 요약

사람들에게는 누구나 장단점이 있게 마련이다. 호의를 가지고 친구가 되려거든 그 사람의 장점만을 보고, 악의를 품고 적을 만들려면 그 사람의 단점만을 지적하라.

40
지혜와 힘을 두루 갖추어라

　　사사로운 욕심을 이기고 억제하는 일에 있어 어떤 이는 "그것은 빨리 알아차리지 못하면 억제하기가 어렵다." 하고 다른 이는 "비록 알아차렸다 하더라도 참는 힘이 모자란다." 라고 했다. 대체로 알아차리는 것은 마귀를 비추는 한 알의 밝은 구슬이요, 힘이란 것은 마귀를 베는 한 자루의 지혜로운 칼이므로 마땅히 이 두 가지가 모두 있어야 한다.

　　勝私制欲之功은 有曰識不早면 力不易者하고
　　승 사 제 욕 지 공　　유 왈 식 부 조　　역 불 이 자

　　有曰識得破라도 忍不過者하나니.
　　유 왈 식 득 파　　　　인 불 과 자

　　蓋識은 是一顆照魔的明珠요,
　　개 식　　시 일 과 조 마 적 명 주

　　力은 是一把斬魔的慧劍이니 兩不可少也니라.
　　역　　시 일 파 참 마 적 혜 검　　　　양 불 가 소 야

過(지날 과) 蓋(덮을 개) 識(알 식) 顆(낟알 과)

照(비출 조) 把(잡을 파) 斬(벨 참) 慧(슬기로울 혜)

勝私制欲(승사제욕) : 사욕을 이기고 억제하는 것.

不易(불이) : 그 힘을 기르기가 쉽지 않음.

忍不過(인불과) : 참는 힘이 모자라는 것.

不可少(불가소) : 적어서는 안 됨.

주제 엿보기

머리가 총명하고 재주가 뛰어난 사람이 있었다. 그는 어려서부터 명예와 출세에 대한 욕심이 남달리 강했다. 그는 마음속으로 항상 이렇게 다짐을 했다.

'온갖 재주에 능하지 않고서는 세상에 나의 이름을 빛내지 못할 것이다.'

그렇게 생각을 한 그는 이름난 스승들을 찾아다니며 열심히 배움에 힘써 마침내 달인의 경지에 올랐다. 어느 누구도 그와 재주를 겨루어 감히 그를 이길 사람이 없었다. 그는 의기양양한 자세로 사람들을 내려다보기 시작했다.

그의 방자함을 안 나라에서는 그를 관리로 등용하지 않았고, 어디를 가더라도 남다른 재주 때문에 오히려 사람들에게서 따돌림을 받았다. 그는 세상에 이름을 빛내고자 피나게 노력한 결과가 이처럼 자신을 이상한 사람으로 만든 것에 대해 독한 마음을 품게 되었다.

결국 그는 세상 사람들에 대한 분노와 앙심으로 포악하게 변해갔다. 그의 날랜 재주로 도적질을 하는 것은 식은 죽 먹기보다 쉬웠고 사람을 죽이기는 파리 잡는 듯했다. 그의 이름은 선하고 빛나는 명성이 아니라 포악하고 무서운 것으로 세상에 널리 알려지게 되었다.

더 이상 그의 행동을 그대로 둘 수 없다고 여긴 한 도인이 그를 교화시키기 위해 찾아갔다. 도인은 법력을 이용해 절벽 위에서 아래로 천천히 걸어 내려왔다. 그 광경을 본 그는 깜짝 놀라며 도인에게 물었다.

"당신은 누구이기에 그런 신기한 재주를 가지고 계십니까?"

도인은 맑고 나직한 목소리로 말했다.

"저는 마음을 공부하는 사람입니다. 깊은 연못은 세찬 바람이 불어도 결코 흐려지지 않는 것처럼 지혜로운 이는 마음을 다스려 언제나 기쁨과 평화가 넘친답니다."

그 말을 듣고 그는 깨닫는 바가 있어 땅에 몸을 엎드려 큰절을 올린 후 도인을 따라 깊은 산중으로 들어갔다.

주제 요약

헛된 공명심은 자신을 망치는 지름길이다. 세상에 이름을 알리고 싶거든 널리 알리기보다는 바른 이름을 알리는 데 힘써라.

41
역경과 곤궁을 참고 견디어라

뜻하지 않은 역경과 곤궁은 호걸을 단련시키는 하나의 용광로요 쇠망치다. 능히 그 단련을 견뎌 내면 몸과 마음이 모두 유익할 것이요, 그 단련을 견뎌 내지 못하면 몸과 마음이 모두 손상을 입을 것이다.

橫逆困窮은 是煆煉豪傑的一副鑪錘로 能受其煆煉이면
횡 역 곤 궁   시 하 련 호 걸 적 일 부 로 추   능 수 기 하 련

則身心交益하고 不受其煆煉이면 則身心交損이니라.
즉 신 심 교 익   불 수 기 하 련   즉 신 심 교 손

橫逆(횡역) : 역경. 일반적인 이치에서 벗어난 상황.

煅煉(단련) : 쇠를 불에 달구어 두들기는 것.

鑪錘(노추) : 용광로와 망치.　一副(일부) : 하나.

주제 엿보기

중국의 노나라에 숙산무지라는 사람이 있었다. 그는 자신이 지은 죄로 인해 오래 전에 다리 하나가 잘리는 형벌을 받았다. 어느 날 숙산무지가 공자를 찾아와 공손히 예를 갖추고 말했다.

"선생님, 저는 지난날의 잘못을 뉘우치고 지금부터라도 선생님께 학문을 배우려고 합니다. 부디 미천한 저에게 훌륭한 가르침을 내려 주십시오."

공자는 숙산무지를 잠시 바라본 뒤 말했다.

"자네는 지난날 지은 죄가 막중하여 한쪽 다리가 잘리는 형벌을 받지 않았는가? 그런데 지금 나를 찾아와 학문을 배우겠다고 하지만 너무 늦었다고 생각하지 않는가?"

공자가 탐탁잖게 여기자 숙산무지는 옷깃을 여미고 더욱 공손하게 말했다.

　"선생님, 예전에는 저의 부족함을 깨닫지 못했기 때문에 죄를 지었습니다. 저는 지금 한쪽 다리가 없는 불구의 몸이지만 제게는 배우려고 하는 소중한 마음이 있습니다. 제가 듣기로 하늘은 모든 것을 덮어 주고 땅은 모든 것을 실어 준다고 들었습니다. 저는 선생님이 하늘과 땅처럼 넓으신 분이라고 여겼기에 이렇게 무례를 무릅쓰고 선생님을 찾아왔습니다."

　숙산무지의 말을 들은 공자는 지난날에 저지른 그의 과오를 들춰낸 자신이 몹시 부끄럽게 생각되었다. 그래서 얼굴 표정을 온화하게 바꾼 뒤 자세를 고쳐 바로앉으며 이렇게 말했다.

　"이리 들어오시오. 내 생각이 짧았던 것 같소. 이제부터 내 밑에서 열심히 학문을 닦도록 하시오."

　숙산무지를 제자로 받아들인 공자는 곁에 있던 제자들에게 엄숙하게 말했다.

　"이 사람을 보라. 이 사람은 비록 다리가 잘린 불구의 몸이지만 열심히 배워 지난 허물을 덮고자 노력하고 있다. 그러니 신체 건강한 너희들은 앞으로 더욱 열심히 학문에 정진해서 그 학덕을 천하에 두루 떨치도록 해야 할 것이다."

공자의 말에 제자들은 모두 고개를 조아리고 그 뜻을 가슴 깊이 새겼다.

주제 요약

지난날의 과오를 자신을 시험하기 위한 하나의 고난과 시련이었다고 생각하고 새롭게 출발하려는 사람에게만 세상은 넓은 두 팔을 벌려 품어 안으며 재기의 기회를 준다.

42

남의 허물을 들춰내지 말라

선한 사람과 빨리 가까워질 수 없거든 미리 칭찬의 말을
하지 말라. 간악한 모함이 뒤따를까 두렵다. 악한 사람을 쉽
사리 멀리할 수 없거든 미리 그 사실을 발설하지 말라. 뜻밖
의 재앙이 올까 두렵다.

善人을 未能急親이어든 不宜預揚이니
선 인　　미 능 급 친　　　　불 의 예 양

恐來讒譖之奸이요, 惡人을 未能輕去어든
공 래 참 참 지 간　　　　악 인　　미 능 경 거

不宜先發이니 恐招媒糵之禍니라.
불 의 선 발　　　　공 초 매 얼 지 화

한자 풀이

急(급할 급) 親(친할 친) 預(미리 예) 讒(참소할 참)
恐(두려울 공) 媒(중매 매) 糵(그루터기 얼) 禍(재화 화)

未能(미능) : 능히 ~할 수 없다.

急親(급친) : 빨리 사귐.

預揚(예양) : 미리 드러냄.

讒譖(참참) : 간악하여 참소하는 것.

輕去(경거) : 쉽게 물리침.　媒蘖(매얼) : 누룩.

주제 엿보기

　부친의 상을 당한 젊은이가 있었다. 상을 치른 후 그는 서재에서 아버지의 유품을 정리하다가 서랍 속에서 표지가 낡고 색이 바랜 공책 한 권을 발견하게 되었다. 평소에 젊은이의 아버지는 자정이 넘도록 서재에서 책을 읽곤 했는데, 자정이 넘으면 식구들 중 어느 누구도 아버지의 허락 없이 서재에 들어갈 수가 없었다. 아버지는 때로 새벽녘까지 서재에 있을 때도 있었는데, 그때마다 젊은이는 아버지가 무엇을 하고 계실까 하고 늘 궁금해 하곤 했었다. 젊은이는 그 공책을 조심스럽게 펼쳐보았다. 그 공책에는 아버지의 필체가 고스란히 남겨져 있었다. 가족들과 친지들의 이름, 친구들과 이웃의 이름도 적혀 있었다.

그런데 한 장 한 장 넘겨가다 보니 젊은이가 전혀 모르는 사람들의 이름도 적혀 있었다. 젊은이는 그 공책을 들고 어머니에게 갔다. 아버지와의 지난 추억을 되새기는 듯 어머니는 젊은이가 보여 준 공책을 한참이나 들여다보았다. 한참 후 젊은이가 조심스럽게 어머니에게 물었다.

"어머니, 아버지가 남기신 이 공책에 대해 얘기해 주세요."

어머니는 그 공책을 한 장씩 넘기며 아련한 추억을 이야기하듯 말했다.

"얘야, 이 공책은 아버지의 기도 공책이란다. 네 아버지는 매일 밤마다 이 공책 속에 적힌 사람들의 이름을 하나씩 짚어가며 하느님께 그들을 위해 축원하는 기도를 올렸단다."

아버지의 따뜻한 사랑에 깊은 감동을 받은 젊은이는 잠시 눈을 감았다. 그리고 아버지의 영혼을 위해 하느님께 간절한 기도를 올렸다. 잠시 후 눈을 뜬 젊은이가 공책에 적힌 낯선 이름들에 대하여 어머니에게 물었다.

"그런데 여기 적힌 이 사람들은 누군가요? 저는 모르는 이름들인데요."

어머니는 낮게 한숨을 쉬더니 말했다.

"네 아버지에게 상처를 준 사람들의 이름이란다. 아버지는 매일 밤마다 그 사람들을 용서하는 기도를 하느님께 올리셨지."

젊은이는 다시금 뿌옇게 흐려오는 시선을 둘 데가 없어 망연히 그 자리에 오래 서 있었다.

주제 요약

선과 악은 함께 등을 붙이고 앉아 서로 다른 곳을 비추는 하나의 거울과도 같다. 평생 같이 있을 수는 있어도 영원히 서로를 비출 수 없는 그런 존재인 것이다. 인간은 어디에다 자신의 모습을 비추느냐에 따라 그 존재 가치가 달라지는 것이다.

43

무엇이든 과하면 재앙을 부른다

벼슬은 너무 높지 말아야 하는 법이니, 너무 높으면 위태롭기 때문이다. 능한 일은 남김없이 다하지 말아야 하느니, 다하면 쇠하기 때문이다. 행실은 지나치게 고상하지 말아야 하는 법이니, 지나치게 고상하면 비방과 핀잔이 돌아오기 때문이다.

爵位는 不宜太盛이니 太盛則危하고,
작 위　　불 의 태 성　　　태 성 즉 위

能事는 不宜盡畢이니 盡畢則衰하며,
능 사　　불 의 진 필　　　진 필 즉 쇠

行誼는 不宜過高니 過高則謗興而毀來니라.
행 의　　불 의 과 고　　과 고 즉 방 흥 이 훼 래

한자 풀이

爵(작위 작) 盡(다될 진) 畢(마칠 필) 衰(쇠할 쇠)
誼(옳을 의) 過(지날 과) 謗(헐뜯을 방) 毀(헐 훼)

爵位(작위) : 벼슬자리 지위.　太盛(태성) : 너무 성함.

能事(능사) : 능한 일.　盡畢(진필) : 다 마침.

行誼(행의) : 행동의 올바름.

謗興(방흥) : 비방이 일어남.

毀來(훼래) : 헐뜯는 말이 닥쳐옴.

過高(과고) : 지나치게 고상함.

주제 엿보기

한 스승을 섬기는 두 제자가 있었다. 두 제자는 서로 경쟁심이 생겨 매일같이 스승에게 잘 보이려고 노력했다. 스승의 밥상을 서로 들고 가려고 밀고 당기다가 밥상을 엎기도 하고, 스승이 외출하려면 나들이옷을 서로 챙기려다가 찢기도 다반사였다.

그러던 어느 날, 스승이 낮잠을 자며 두 제자에게 다리 하나씩을 주무르라고 했다. 처음에 두 제자는 자신이 맡은 다리를 정성껏 주무르는 데 여념이 없었지만 시간이 갈수록 서로에 대한 적대감이 노골적으로 드러났다.

결국 이성을 잃은 한 제자가 다른 제자가 주무르고 있는 스승의 다리를 방망이로 힘껏 내리쳐 스승의 발목을 으스러뜨렸다. 그러자 다른 제자도 이에 질세라 스승의 성한 다리마저 목침으로 힘껏 내리쳐 다리를 부러뜨리고 말았다.

주제 요약

지나친 경쟁심은 화의 근원이 된다. 가끔은 상대방을 위해 한 걸음 뒤로 물러설 줄 아는 지혜도 필요하다.

44

고난은 함께 나누고
안락함은 함께 나누지 말라

허물은 남과 더불어 나누고 공은 남과 함께 나누지 말라.
공을 함께 나누면 서로 시기하게 된다. 고난은 남과 더불어
겪어도 좋지만 안락함은 남과 함께 누리지 말라. 안락함을
함께 누리면 서로 원수가 된다.

當與人同過이나 不當與人同功이니 同功則相忌요,
당 여 인 동 과　　　부 당 여 인 동 공　　　동 공 즉 상 기

可與人共患難이나 不可與人共安樂이니
가 여 인 공 환 난　　　불 가 여 인 공 안 락

安樂則相仇니라.
안 락 즉 상 구

한자 풀이

與(줄 여) 患(근심 환) 難(어려울 난) 則(곧 즉)

주제 엿보기

연못에 개구리와 백조가 살고 있었는데, 어느 해 가뭄이 들어 연못이 마르기 시작하자 걱정에 잠긴 둘은 서로 대책을 상의했다.

"네가 내 목덜미에 올라앉아 내가 다른 물가에 내려앉을 때까지 내 깃털을 꼭 붙잡고만 있으면 될 텐데……."

백조의 말에 아무런 방법이 없는 개구리는 그렇게 하기로 했고 다행히 백조와 개구리는 무사히 다른 연못에 도착하게 되었다. 그 모습을 본 연못의 물고기가 둘에게 물었다.

"그렇게 좋은 꾀를 누가 생각했니?"

물 속에서 첨벙거리던 개구리가 얼른 대답했다.

"제가 아니면 누가 그런 꾀를 내었겠어요?"

개구리의 말에 백조는 화를 내며 개구리를 부리로 쪼아 죽였다.

주제 요약

어려움을 같이한 사람과 편안함은 함께하지 않는 게 좋다. 서로 그 공을 두고 다툼이 일어날까 두려운 까닭이다.

45

고난 속에서 세상 인심을 알 수 있다

굶주리면 달라붙고 배부르면 떠나며, 따뜻하면 모여들고 차면 버리는 것이 바로 세상 사람들의 공통된 근심거리다.

饑則附하고 飽則颺하며 煥則趨하고
기 즉 부　　　포 즉 양　　　욱 즉 추

寒則棄는 人情通患也니라.
한 즉 기　　인 정 통 환 야

한자 풀이

饑(주릴 기) 飽(물릴 포) 颺(날릴 양) 煥(따뜻할 욱)

趨(달릴 추) 棄(버릴 기) 通(통할 통) 患(근심 환)

어휘 풀이

通患(통환) : 공통된 병폐.　附(부) : 의지함, 친밀히 함.

颺(양) : 몸이 펴짐.　趨(추) : 마음이 쏠림, 붙좇음.

서로에 대한 우정이 아주 깊다고 생각하는 친구 둘이서 어느 날 함께 길을 걷고 있었다. 그러던 중 한 친구가 땅에 떨어진 지갑을 발견하곤 말했다.

"오늘은 내가 운수 대통한 날이로구나!"

옆에 있던 친구는 그 친구가 '우리'가 아니라 '나'라는 말을 쓰는 게 서운했지만 모른 체하기로 했다.

그런데 둘이서 막 지갑을 가지고 가려는데 그 지갑의 주인이 쫓아오더니 두 친구를 다짜고짜 도둑으로 몰았다. 그러자 조금 전에 지갑을 주운 친구가 그 주인에게 말했다.

"우리는 지갑이 땅에 떨어져 있기에 주웠을 따름이란 말이오."

그 친구의 말을 들은 옆의 친구가 어이가 없는 듯 말했다.

"지금 무슨 말을 하는가? 지갑을 주웠을 때는 '나'라고 하더니 이제 궁지에 몰리자 '우리'라고 하니 대체 우리는 무슨 사이인가?"

주제 요약

어려운 일이 닥쳤을 때 우리들은 주위 사람들의 본마음을 알게 된다. 행복을 나눌 이는 많지만 고난을 같이할 사람은 흔치 않다.

46

세상일은 아무도 예측하지 못한다

　물고기 그물을 쳐두었는데 기러기가 걸리고, 버마재비가 먹이를 탐하는데 그 뒤에서 참새가 노린다. 계략 속에 또 계략이 감추어져 있고 이변 밖에서 또 이변이 생기는 것이니, 지혜와 계교를 어떻게 믿을 수 있겠는가?

魚網之設에 鴻則罹其中하고 螳螂之貪에
어 망 지 설　　　홍 즉 리 기 중　　　당 랑 지 탐

雀又乘其後하나니. 機裡藏機하고 變外生變이어늘
작 우 승 기 후　　　　기 리 장 기　　　변 외 생 변

智巧를 何足恃哉리오.
지 교　　　하 족 시 재

어휘 풀이

螳螂(당랑) : 버마재비. 사마귀.

智巧(지교) : 지혜와 기교.

주제 엿보기

무더운 여름날이었다. 더위에 지친 한 남자가 나무 그늘을 찾아가 돗자리를 깔고 누웠다. 남자가 잠을 자려고 막 눈을 감으려는데 이상하게 생긴 새 한 마리가 나뭇가지에 앉은 것이 보였다.

남자는 부리나케 집으로 달려가 활을 가지고 와서 그 새를 쏘려는데 새가 앉은 나뭇가지의 잎사귀에 매달린 매미가 보였다. 그리고 바로 그 곁에는 사마귀 한 마리가 나뭇잎의 그늘에 몸을 숨기고 그 매미를 잡으려 하고 있었다. 이상하게 생긴 새는 그 기회를 노려 사마귀를 잡으려 하고 있었다. 순간 등골이 서늘해지는 것을 느낀 남자는 쏘려던 활을 거두고 재빨리 집으로 도망을 쳤다.

사람의 인생도 그와 같은 것이다. 어리석은 자만이 자신의 하찮은 재주를 믿고 날뛴다. 무릇 깊은 지혜에 도달한 자는 가만히 앉아서도 하늘과 사람의 도를 깨우친다.

47

마음은 흐린 것을 제거하면 저절로 맑아진다

물은 파도가 없으면 스스로 고요하고, 거울은 먼지가 없으면 저절로 맑다. 그러므로 마음을 맑게 하려고 애쓸 필요가 없으니, 흐린 것을 제거하면 저절로 맑아질 것이요, 즐거움을 찾으려고 애쓸 필요가 없으니 괴로움을 제거하면 저절로 즐거운 것이다.

水不波則自定하고 鑑不翳則自明이라.
수 불 파 즉 자 정   감 불 예 즉 자 명

故로 心無可淸이니 去其混之者면 而淸自現하며
고   심 무 가 청   거 기 혼 지 자   이 청 자 현

樂不必尋이니 去其苦之者면 而樂自存이니라.
낙 불 필 심   거 기 고 지 자   이 락 자 존

鑑(거울 감) 翳(일산 예) 混(섞을 혼) 尋(찾을 심)

自定(자정) : 스스로 안정됨.

無可(무가) : 억지로 애쓸 필요가 없음.

混之者(혼지자) : 마음을 흐리게 하는 것.

不必(불필) : 반드시 ~하지 않아도 됨.

주제 엿보기

여우와 늑대가 친구가 되어 동굴 속에 함께 살게 되었다. 둘은 사냥도 함께 다녔고 어디를 가더라도 꼭 같이 붙어다녔다. 그 모습은 어느 누가 보아도 의좋은 형제처럼 보였다.

어느 늦은 가을밤, 저녁을 먹고 모닥불 가에 앉아 닥쳐올 겨울을 걱정하며 도란도란 얘기를 나누던 둘은 한 가지 문제를 놓고 서로 의견이 달라 심한 말다툼을 벌이게 되었다. 그 문제란 '겨울밤에 달이 초승달일 때가 날씨가 더 추운가? 아니면 보름달일 때가 더 추운가?'라는 어찌 보면 아주 사소한 것이었다. 먼저 여우가 자신의 의견이 옳다고 말했다.

"겨울밤에는 반달이 떠 있을 때가 제일 추워. 그런 밤이면 추워서 꼼짝하기도 싫다니까."

여우의 말이 끝나자마자 늑대가 그 말은 얼토당토 않다고 반박하고 나섰다.

"그건 전혀 다른 얘기야. 오히려 그 반대라고. 오늘같이 이렇게 보름달이 뜬 밤이 훨씬 더 추워!"

둘은 서로 자신의 의견이 옳다고 말싸움을 벌이다가 새벽녘이 되어서야 겨울이 오면 직접 확인하자고 의견을 모으곤 잠자리에 들었다.

그런데 아직 겨울이 오려면 두세 달은 더 있어야 했고, 날마다 자신의 의견만을 고집하며 말다툼을 벌이던 둘은 조금씩 사이가 멀어지게 되었다. 참다못한 여우가 늑대에게 한 가지 제안을 했다.

둘이 사는 동굴에서 그다지 멀지 않은 곳에 수행을 하고 있는 수도승이 있었는데 여우의 제안은 그 수도승에게 찾아가 이 문제를 물어보자는 것이었다. 여우의 제안에 찬성한 늑대는 그 길로 곧장 수도승을 찾아갔다.

둘의 말을 들은 수도승은 떨어지는 낙엽을 보며 시 한
수를 읊었다.

초승달이 뜨든지, 보름달이 뜨든지
그것이 한겨울밤 추위와 무슨 상관이 있으랴
본래 춥고 더운 것은 마음속에 있는 것이니
어리석은 짐승들아
바깥 추위를 탓하지 말고 네 마음을 원망하라
옳은 것도 없고 틀린 것도 없다.

주제 요약

우리는 참 많은 것들에 얽매여 산다는 생각이 든다. 날
씨가 추우면 추워서 걱정이고 반대로 더우면 또 덥다고
성화들이다. 사소한 것들에 너무 마음을 빼앗기지 말고
크고 높은 것들에게 눈높이를 맞추어야 마음도 그만큼
넓고 맑아진다.

48
일을 사퇴할 때는 전성기에 하라

일을 사퇴할 때는 마땅히 전성기에 물러서야 하고, 몸을
두려거든 마땅히 홀로 뒤떨어진 곳에 두어야 하느니라.

謝事는 當謝於正盛之時하고,
사 사   당 사 어 정 성 지 시
居身은 宜居於獨後之地니라.
거 신   의 거 어 독 후 지 지

한자 풀이

謝(사례할 사) 於(어조사 어) 獨(홀로 독) 後(뒤 후)

어휘 풀이

謝事(사사) : 일을 사양함.   正盛(정성) : 가장 왕성함.
居身(거신) : 몸을 둠.   獨後(독후) : 홀로 뒤떨어짐.

중국 춘추시대 월나라에는 범려와 문종이라는 두 재상이 왕인 구천을 보좌하여 오나라를 치는 데 큰공을 세웠다. 전쟁이 끝난 후 범려는 미련 없이 자리에서 물러나면서 문종에게 재상을 그만두기를 권하는 편지를 보냈다.

'옛말에 새를 잡고 나면 활을 버리고, 토끼를 잡고 나면 사냥개를 삶는다 했습니다. 왕은 고생을 함께할 수는 있으나 부귀와 영화를 같이 나눌 수 없는 사람입니다. 부디 벼슬을 버리고 목숨을 부지하십시오.'

주제 요약

무슨 일이든지 때가 있는 법이다. 그러한 때를 알고 처신을 하는 사람은 현명하다. 헛된 명예심과 공명심은 부질없는 것이다. 버려라. 아름다운 꽃도 때가 되면 지는 법이다. 전성기에 때를 알아 떠날 줄 알아야 욕됨을 피할 수 있다.

49

기초를 든든히 하라

덕은 모든 일의 기초가 되는 것이니 기초가 견고하지 않고서 집이 오래가는 법은 없느니라.

德者는 事業之基니 未有基不固而棟宇堅久者니라.
덕 자   사 업 지 기   미 유 기 불 고 이 동 우 견 구 자

한자 풀이

棟(용마루 동) 堅(굳을 견) 久(오랠 구) 業(업 업)

어휘 풀이

未有(미유) : ~한 일이 없음.

堅久(견구) : 견고하고 오래 감.

棟宇(동우) : 기둥과 지붕, 곧 집을 말함.

무척 가난한 소년이 있었다. 소년을 불쌍하게 여긴 이웃집에서 어느 날 추수한 참깨를 한 됫박 가져다 주었다. 소년은 얼른 참깨를 한 움큼 집어먹었다. 그러나 볶지 않은 참깨의 비린 맛 때문에 곧 도로 뱉어버렸다. 그 모습을 지켜본 이웃집 아이가 소년에게 말했다.

"참깨는 볶아 먹어야 하는 거야."

이웃집 아이의 말을 들은 소년은 참깨를 솥에다 넣고 볶았다. 잠시 후 고소한 냄새가 진동을 했고 소년은 허겁지겁 참깨를 집어먹었다.

소년은 참깨를 먹으며 이렇게 볶은 깨를 땅에다 심으면 다음에 열매를 맺어도 다시 볶지 않고 고소하고 맛있는 참깨를 자뜩 먹을 수 있을 것이라고 생각했다. 소년은 곧 남은 참깨를 모두 볶아서 땅에 심었다.

주제 요약

소년이 심은 깨에서는 싹이 돋아났을까? 작은 일에도 무지한 사람은 큰일이 맡겨진다고 해도 그 일을 해내지 못한다. 이유는 그만한 능력이 뒷받침되지 않기 때문이다. 기초의 중요성은 바로 여기에 있다.

50

모든 것은 자신의 내면에 있다

　남을 믿는 사람은 남이 모두 성실해서가 아니라 자기 스스로 성실하기 때문이며, 남을 의심하는 사람은 남이 다 속여서가 아니라 자기가 먼저 속이기 때문이다.

信人者는 人未必盡誠이나 己則獨誠矣요,
신 인 자　　인 미 필 진 성　　　　기 즉 독 성 의

疑人者는 人未必皆詐나 己則先詐矣니라.
의 인 자　　인 미 필 개 사　　기 즉 선 사 의

한자 풀이

　盡(다될 진) 誠(성실할 성) 獨(홀로 독) 詐(속일 사)

어휘 풀이

　信人(신인) : 남을 믿음.

未必(미필) : 반드시 ~한 것은 아님.
盡誠(진성) : 모두 다 성실함. 詐(사) : 속임.

주제 엿보기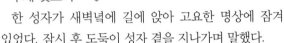

한 성자가 새벽녘에 길에 앉아 고요한 명상에 잠겨 있었다. 잠시 후 도둑이 성자 곁을 지나가며 말했다.

"이런, 간밤에 얼마나 많은 집을 털었으면 여기서 이렇게 세상 모르고 자고 있는가? 곧 날이 밝으니 빨리 도망가도록 하게."

이어 밤새 술을 마신 술꾼이 비틀거리는 걸음으로 성자 곁을 지나가며 말했다.

"보아하니 당신도 나처럼 밤새 술을 마셨나 보군 그래. 그래도 내가 이렇게 걷는 걸 보면 난 당신보다 덜 마셨나 봐."

동이 틀 무렵 순례를 마치고 돌아오던 어떤 성자가 명상에 잠긴 성자 곁을 지나게 되었다. 그 성자는 아무 말없이 걸음을 멈추고 성자 옆에 앉아 그 성자처럼 깊은 명상에 들었다.

현명한 사람만이 현명한 사람을 알아볼 수 있듯이 내가 진실하면 상대방이 아무리 거짓을 말해도 그것을 진실로 받아들이고, 내가 진실하지 못하면 상대방이 아무리 진실을 말해도 그것을 거짓으로밖에 받아들이지 않는다.

51
선과 악은 뿌린 만큼 거둔다

　선행을 베풀어도 그 이로움이 드러나지 않지만 그것은 마치 풀 속의 동아와 같아서 모르는 사이에 저절로 자라나고, 악행을 저질러도 그 손해가 드러나지 않지만 그것은 마치 뜰 앞의 봄눈 같아서 반드시 모르는 사이에 녹아 없어지게 된다.

爲善에 不見其益이나 如草裡東瓜하여 自應暗長하고,
위 선　　불 현 기 익　　　여 초 리 동 과　　　자 응 암 장

爲惡에 不見其損이나 如庭前春雪히여 當必潛消니라.
위 악　　불 현 기 손　　　여 정 전 춘 설　　　당 필 잠 소

한자 풀이

瓜(오이 과) 應(응할 응) 損(덜 손) 潛(자맥질할 잠)

自應(자응) : 응당, 스스로.

暗長(암장) : 모르는 사이에 자람.

當必(당필) : 마땅히 반드시.

潛消(담소) : 모르는 사이에 녹아 없어짐.

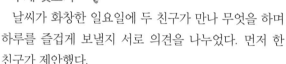

주제 엿보기

날씨가 화창한 일요일에 두 친구가 만나 무엇을 하며 하루를 즐겁게 보낼지 서로 의견을 나누었다. 먼저 한 친구가 제안했다.

"가까운 절에 가서 진리의 말씀을 듣는 게 어때?"

다른 친구가 대답했다.

"넌 항상 고리타분한 생각만 하는구나. 모처럼 날씨도 화창한데 어디 야외로 나가 바람이라도 쐬는 게 더 좋잖아?"

절에 가자고 얘기했던 친구가 말했다.

"아냐, 난 절에 가서 진리의 말씀을 듣는 게 더 좋겠어. 너는 야외로 나가 바람을 쐬렴."

두 친구는 서로 자기가 가고 싶은 곳으로 가기로 결

정을 하곤 헤어졌다. 그런데 그렇게 각자 자기의 갈 길로 간 두 친구는 묘한 운명의 장난 같은 일을 당한다.

절로 향하던 친구는 불의의 교통사고를 당해 다리를 다쳤고, 야외로 바람을 쐬러 간 친구는 산에서 금덩어리를 줍는 뜻밖의 횡재를 한 것이다. 다리를 다친 친구는 '친구가 같이 왔으면 큰일날 뻔했구나. 나와 같이 있었더라면 친구도 같이 다쳤을 텐데 너무 다행이야.' 라고 생각한 반면, 야외로 나가 금덩어리를 주운 친구는 '오늘은 운이 좋은 날이군! 만약 친구와 함께 왔더라면 이 금덩어리를 반반씩 나눠 가져야 할 텐데 혼자 오길 정말 잘했어.' 라고 생각했다.

병원에서 금덩어리를 주워 횡재를 한 친구의 말을 들은 친구는 퇴원하자마자 절의 스님을 찾아가 물었다.

"스님, 참으로 기이하지 않습니까? 절에 가서 부처님의 말씀을 들으려고 한 저는 불의의 사고를 당했는데 야외로 놀러간 친구는 뜻밖의 횡재를 했으니까요. 무슨 연유라도 있습니까?"

스님은 이렇게 대답해 주었다.

"잘 듣게. 자네는 전생에 많은 악행을 지어서 그 업보

로 현생에서 불의의 사고로 죽을 운명이었네. 그런데 어려서부터 부처님의 말씀을 들었기에 다행히도 다리만 다친 거라네. 또 자네의 친구는 전생에 많은 선행을 해서 현생에서 이름난 갑부가 될 운명이었는데 어려서부터 많은 죄를 지은 까닭에 겨우 금덩어리만을 줍는 것으로 그 전생의 선업을 대신한 거라네."

주제 요약

악행은 눈에 보이지 않지만 그 업은 차곡차곡 쌓여간다. 악행으로 인한 폐해는 어느 누구도 알 수 없는 것이다. 선행 또한 그 실체가 금방 드러나지 않지만 알게 모르게 우리의 마음 어딘가에 쌓여 아름다운 향기를 내뿜게 된다.

52
한번 시작한 일을 중도에 그만두지 말라

즉흥적으로 시작하는 일은 시작하자마자 곧 그치게 되니 어찌 쉼없이 굴러가는 수레바퀴일 수 있으며, 감정의 인식으로 깨닫는 것은 깨닫자마자 곧 미혹하게 되니 언제나 밝은 등불이 되지 못한다.

憑意興作爲者는 隨作則隨止하니 豈是不退之輪이리요.
빙 의 흥 작 위 자　　수 작 즉 수 지　　　기 시 불 퇴 지 륜

從情識解悟者는 有悟則有迷하나니
종 정 식 해 오 자　　유 오 즉 유 미

終非常明之燈이니라.
종 비 상 명 지 등

意興(의흥) : 뜻이 일어남.　作爲(작위) : 행위를 함.
不退指輪(불퇴지륜) : 뒤로 물러가는 일 없이 오직 앞으
　　　　　　　　　로 전진함.
情識(정식) : 감정적인 지식이나 의식.
解悟(해오) : 진리를 깨달음.
常明之燈(상명지등) : 항상 밝은 등불, 언제까지나 꺼지
　　　　　　　　　지 않는 영원한 진리.

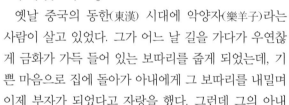

주제 엿보기

옛날 중국의 동한(東漢) 시대에 악양자(樂羊子)라는
사람이 살고 있었다. 그가 어느 날 길을 가다가 우연찮
게 금화가 가득 들어 있는 보따리를 줍게 되었는데, 기
쁜 마음으로 집에 돌아가 아내에게 그 보따리를 내밀며
이제 부자가 되었다고 자랑을 했다. 그런데 그의 아내
는 한숨을 쉬며 말했다.

"예로부터 대인은 아무리 목이 말라도 도천(盜泉)의
물은 마시지 않고, 심하게 허기가 져도 예의를 갖추지
않은 음식은 거절했습니다. 그런데 어찌하여 내력도 알

지 못하는 보따리를 주워오셨습니까?"

아내의 꾸짖음에 부끄러움을 느낀 악양자는 곧바로 그 금화가 든 보따리를 주워온 장소에 도로 가져다 놓았다. 그 후 악양자는 학덕이 높은 스승을 찾아 학문을 깨우치기 위해 아내를 두고 멀리 집을 떠나게 되었다. 그러나 그는 아내가 보고 싶어서 떠난 지 일 년 만에 중도에 학업을 포기하고 그만 집으로 돌아오고 말았다. 마침 아내는 베틀에 앉아 열심히 베를 짜고 있는 중이었다.

"공부는 모두 마치셨는지요."

아내의 말에 악양자가 머뭇거리며 말했다.

"아직 다 마치지 못했소, 당신 생각이 간절해서 이렇게 돌아왔소. 여보, 보고 싶었소."

악양자의 말을 들은 아내는 갑자기 베틀에서 짜던 베를 가위로 싹둑 잘라버렸다. 놀란 악양자가 아내에게 물었다.

"아니, 여보. 애써 짠 베를 왜 가위로 잘라버리시오?"

아내는 낙양자를 향해 이렇게 말했다.

"학업을 중도에서 포기하는 것이나 베를 반쯤 짜다

잘라버린 것이나 도중에 그만두기는 매한가진데 무엇이 잘못 되었습니까?"

주제 요약

무슨 일이든지 열정을 가지고 끝까지 밀고 나가라. 중도에 그만두고 포기한다면 인생에서 이룰 일은 아무것도 없다. 어렵고 힘든 일일수록 그 성취감은 크다.

53
남에게 너그러이 대하라

타인의 잘못은 용서하되 자신의 잘못은 용서하지 말고, 자신의 곤욕은 참되 타인의 곤욕은 구제해 주라.

人之過誤는 宜恕로되 而在己則不可恕요,
인 지 과 오　　의 서　　　이 재 기 즉 불 가 서

己之困辱은 當忍이로되 而在人則不可忍이니라.
기 지 곤 욕　　당 인　　　이 재 인 즉 불 가 인

한자 풀이

過(지날 과) 誤(그릇할 오) 恕(용서할 서)
辱(욕되게 할 욕) 忍(참을 인) 宜(마땅할 의)

어휘 풀이

困辱(곤욕) : 곤란하고 욕됨.　在(재) : ~에 있어서는.

서로 앙숙인 김(金)과 최(崔)가 함께 보초를 서게 되었다. 마침 보름이어서 밝은 달이 두둥실 떠오르자 고향 생각이 간절해진 김이 허리춤에서 숨겨온 술병을 꺼내어 술을 마셨다. 김은 술을 다 마실 동안 같이 근무하는 최에게 한 모금도 권하지 않고 혼자서만 몰래 술을 마셨다.

이를 눈치 챈 최가 근무 일지에다 '오늘 보초를 서면서 김이 술을 마셨다.'라고 기록했다. 김은 상사의 질책이 두려워서 최에게 제발 그 기록을 지워달라고 부탁했지만 최는 이번 기회에 보기 싫은 김을 아주 따끔하게 혼내 주고 싶어서 김의 말을 들은 체도 하지 않았다.

최의 예상대로 김은 다음 날 근무 일지를 본 상사에게 불려가 호된 질책과 기합을 받았고, 최는 성실한 군인으로 인정을 받아 특별 휴가를 가게 되었다.

그로부터 며칠 후 김과 최가 다시 함께 보초를 서게 되었다. 휴가를 마치고 전날 밤, 늦게 부대로 돌아온 최는 피곤에 겨운 듯 연신 하품을 하다가 새벽이 되자 졸음을 참지 못해 한쪽에 쭈그리고 앉아 꾸벅꾸벅 졸았다.

그 모습을 지켜본 김은 근무 일지에다 '최가 보초를 서는 도중에 잠을 잤다.'라고 적었다. 그것을 본 최가 자신의 잘못을 사과하며 기록을 지워 줄 것을 부탁했지만 김은 절대 그럴 수 없다고 강경하게 그 부탁을 거절했다. 결국 최 역시 다음 날 상사에게 불려가 호된 질책과 기합을 받았고 김은 최가 그랬던 것처럼 특별 휴가를 받게 되었다.

주제 요약

우리가 다른 사람을 용서하지 못한다면 우리도 결국 용서받지 못할 것이다. 타인에 대한 관용은 곧 자신에 대한 배려이다. 그것은 세상 어느 누구도 잘못을 저지르지 않고 사는 사람은 없기 때문이다.

54
겉모습으로 사람을 판단하지 말라

    내가 고귀하여 사람들이 받드는 것은 나의 높은 관(冠)과 큰 허리띠를 받드는 것이요, 내가 미천하여 사람들이 업신여기는 것은 나의 베옷과 짚신을 업신여기는 것이다. 그러므로 본래의 나 자신을 받드는 것이 아닌데 내가 무엇을 기뻐하며, 본래의 나 자신을 업신여기는 것이 아닌데 내가 어찌 화를 내겠는가?

我貴而人奉之는 奉此峨冠大帶也요,
아 귀 이 인 봉 지   봉 차 아 관 대 대 야

我賤而人侮之는 侮此布衣草履也니라.
아 천 이 인 모 지   모 차 포 의 초 리 야

然則原非奉我니 我胡爲喜며
연 즉 원 비 봉 아   아 호 위 희

原非侮我니 我胡爲怒리오?
원 비 모 아   아 호 위 노

주제 엿보기

중국 한나라 때 적공이라는 사람이 조정에서 형벌을
담당하는 관리로 있을 때, 그의 집 마당에는 온 동네가
떠들썩하도록 언제나 사람들로 발 디딜 틈이 없었다.
그러다가 적공이 관직을 그만두자 그렇게 들끓던 사람
들이 자취도 없이 사라지고 어느 누구 하나 그를 거들
떠보지도 않았다.

몇 년이 흘러 적공이 다시 그 관직에 올랐을 때, 예전
처럼 수많은 사람이 그를 찾아와 만나 주기를 간청했다.
이에 적공이 자신의 집 대문을 닫아걸고 이런 글을 써
붙였다.

'생사의 갈림길에서 비로소 사람들의 인정을 알았고, 부귀와 빈곤 속에서 사람들의 대하는 태도를 알았으며, 귀천을 거듭하면서 사람들의 참된 우정이 무엇인지 알았다.'

주제 요약

사람을 겉모습만으로 판단하는 것은 자신의 어리석음을 주위 사람들에게 드러내어 알리는 것이다.

55

공적인 일을 맡으면 공평히 하라

일을 의논하는 이는 그 일 밖에서 이해의 실정을 두루 살펴야 하고, 일을 맡은 이는 그 일 속에 파묻혀 이해에 관계된 생각을 잊어야 한다.

議事者는 身在事外하여 宜悉利害之情하고,
의 사 자　　신 재 사 외　　　의 실 이 해 지 정

任事者는 身居事中하여 當忘利害之慮니라.
임 사 자　　신 거 사 중　　　당 망 이 해 지 려

한자 풀이

悉(다 실) 宜(마땅할 의) 忘(잊을 망) 慮(생각할 려)

어휘 풀이

議事(의사) : 일을 논의함.　任事(임사) : 일을 맡음.
悉(실) : 다, 모두, 남김 없이 등등.

숲 속의 여우들이 모여 새로운 임금을 선출했다. 새로 뽑힌 여우 임금은 어떻게 하면 여우들이 배고프지 않고 잘살 수 있을까 궁리하다가 모든 여우가 자신들이 사냥한 동물을 한데 모아 공평하게 나눠 먹는 법을 만들어 공포했다.

하지만 정작 여우 임금은 자신이 사냥한 동물은 내놓지 않고 집에 두고 혼자 먹었다. 이 사실을 눈치챈 시종 하나가 다른 여우들에게 이 사실을 일러바쳤다. 여우들은 임금의 행동이 부당하다고 입을 모았다.

"자기가 만든 법이면 자기가 솔선수범 해야지, 우리들에게만 그 법을 지키라고 강요한다는 건 있을 수 없는 일이야."

여우 임금은 입장이 매우 난처해졌고 모든 것이 귀찮아진 여우 임금은 결국 자신이 만든 법을 없애버리고 말았다.

주제 요약

공적인 일, 특히 이해 관계가 얽히는 일일수록 공명정대하게 처리해야 한다. 자신은 그렇지 못하고 남에게만 공평하기만을, 바로서기를 강요하는 것은 어리석은 교만이다.

56

사람의 진정한 가치는
밝은 마음자리를 지키는 데 있다

　사람들이 공덕과 업적을 뽐내고 문장을 자랑함은 모두 바깥 사물에 의한 것으로 거기에 의지하는 것이다. 사람의 마음자리는 원래 밝은 것으로 본래의 모습을 잃지만 않는다면, 비록 공적이 조금도 없고 한 자의 글을 모른다 할지라도 저절로 훌륭한 사람이 되는 법인데 사람들은 이를 알지 못한다.

誇逞功業하며 炫耀文章은 皆是靠外物做人이니,
과 령 공 업　　　현 요 문 장　　　개 시 고 외 물 주 인

不知心體瑩然하여 本來不失이면
부 지 심 체 형 연　　　본 래 불 실

卽無寸功隻字라도 亦自有堂堂正正做人處로다.
즉 무 촌 공 척 자　　　역 자 유 당 당 정 정 주 인 처

誇(자랑할 과) 逞(굳셀 령) 做(지을 주) 瑩(밝을 형)

功業(공업) : 공적과 사업.　炫耀(현요) : 빛남, 자랑함.

做人(주인) : 사람됨을 이름.

瑩然(형연) : 찬란하게 빛남.

本來(본래) : 원래의 모습.

寸功(촌공) : 아주 작은 공적.

堂堂正正(당당정정) : 정정당당, 바르고 훌륭함.

주제 엿보기

　진홍빛 단풍이 온 산을 물들이고 단풍보다 더 붉은 빛으로 노을이 지는 늦가을 저녁 무렵, 마을을 가로질러 흐르는 강가에 앉아 득음의 경지에 이른 늙은 소리꾼이 거문고를 뜯으며 노래를 불렀다. 힘든 하루 일을 마치고 집으로 돌아가던 마을 사람들은 그 노랫소리에 이끌려 하나둘씩 강가로 모여들었다. 늙은 소리꾼은 마을 사람들을 상관하지 않고 스스로 흥에 겨운 듯 애잔

한 가락을 끊어질 듯 끊어질 듯 계속 이어 나갔다.

마침내 노을이 지고 땅거미가 깔린 강가에 풀벌레 울음소리가 잔잔하게 울려 퍼지자 늙은 소리꾼은 노랫가락을 멈추고 거문고를 챙겨 길 떠날 채비를 했다. 그러자 그때까지 늙은 소리꾼의 노랫가락에 넋을 놓고 앉았던 마을 사람들은 아쉬운 듯 웅성거리며 노랫소리에 대한 답례로 뭔가를 하기로 서로 의견을 모았다. 그래서 마을 사람들 중 한 사람이 대표로 나서서 말했다.

"어르신, 어르신의 노래는 지금까지 저희들이 들어온 수많은 소리꾼의 노래 중에서 단연 으뜸이었습니다. 저희가 비록 가진 것 하나 없는 하찮은 가난뱅이에 불과하지만 어르신의 노래에 고맙다는 뜻으로 뭔가 보답을 하고 싶습니다."

마을 사람의 말에 늙은 소리꾼이 대답했다.

"여러분들은 벌써 이 하찮은 늙은이에게 선물했소. 나는 지금껏 그보다 더 귀중한 선물을 받은 적이 없소."

늙은 소리꾼의 말에 그 사람이 의아한 표정으로 물었다.

"아니, 어르신! 저희가 무슨 선물을 했다는 말씀이십니까?"

거문고를 챙겨 어깨에 둘러멘 늙은 소리꾼은 주름진 얼굴 가득 환한 미소를 띠며 대답했다.

"여러분들이 제 노랫소리에 말없이 귀 기울여 준 것 말입니다. 그리고 내게 해준 그토록 과분한 칭찬의 말 또한 여러분이 내게 준 귀중한 선물입니다."

그렇게 말하며 어느 새 산 위로 둥실 떠오른 달빛을 밟고 휘적휘적 길을 떠나는 늙은 소리꾼의 모습은 선경(仙境)에서 잠시 이 세상으로 내려온 신선의 모습 그것이었다.

주제 요약

지금 나를 둘러싸고 있는 것들은 과연 무엇일까? 세상이라는 꼬리표가 덕지덕지 붙은 세속에 물든 남루한 모습일까? 이제 조용히 눈을 돌려서 우리들 내면을 비추어보자. 거기에는 옥처럼 맑은 우리의 본마음이 초롱초롱한 눈빛을 굴리며 앉아 있을 것이다. 비록 세상에 빛낼 공적이 없다 해도, 유려한 문장을 짓지 못한다 해도, 인간으로서의 본마음을 가진 내가 더없이 소중하고 아름다운 것이다.

57
스스로 마음을 어둡게 하지 말라

스스로 마음을 어둡게 하지 말고, 인정을 없애지 말며, 재산을 모두 써버리지 말라. 이 세 가지는 천지를 위하여 마음을 세우고, 백성을 위하여 목숨을 세우며, 자손을 위하여 복을 만들 수 있다.

不昧己心하고 不盡人情하며 不竭物力하라.
불 매 기 심　　　 부 진 인 정　　　 불 갈 물 력

三者可以爲天地立心하고 爲生民立命하여
삼 자 가 이 위 천 지 입 심　　　 위 생 민 입 명

爲子孫造福이니라.
위 자 손 조 복

 풀이

昧(새벽 매) 盡(다될 진) 竭(다할 갈) 福(복 복)

不盡人情(부진인정) : 인정을 다하지 않음.

　　　　　　　　　 남을 너무 고통스럽게 하지 말라.

立心(입심) : 내 마음을 세움.

生民(생민) : 만민, 백성.

주제 엿보기

한 농부가 있었다. 그는 하루 일을 모두 끝낸 저녁 무렵이면 늘 강가로 산책을 나갔다. 어스름이 깔리는 강둑에 앉아 그는 하릴없는 사람처럼 작은 돌멩이를 하나씩 강물 속으로 던졌다. 매일매일 그런 남편의 모습을 본 그의 아내가 하루는 물었다.

"여보, 당신은 왜 저녁마다 그렇게 강가에 앉아 돌을 강물 속으로 던지는 거예요?"

아내의 말에 그는 빙그레 웃으며 대답했다.

"내가 강물 속으로 던지는 건 돌멩이가 아냐. 하루 동안 내가 저지른 잘못들과 마음속에 쌓인 욕심이나 이기심들이지. 그렇게 하루를 반성하고 내일을 새롭게 시작하려는 거야."

하루하루를 반성하는 자세로 살아가는 삶은 아름답다. 거기에는 자신에게 주어진 시간을 소중하게 여기는 겸손함도 있고, 주위 사람을 생각하는 따뜻한 사랑도 있다. 그리고 보다 나은 삶을 향한 갈망도 있다.

58

공평과 청렴함은
벼슬자리에 있는 사람의 기본 덕목이다

벼슬자리에 있는 사람을 위해 할 말이 두 마디 있으니,
'공평하면 맑은 지혜가 생기고, 청렴하면 위엄이 생긴다.' 라
는 것이다. 집에 있는 사람을 위해 할 말이 두 마디 있으니,
'용서하면 평화가 생기고, 검소하면 살림이 넉넉해진다.' 라
는 것이다.

居官에 有二語하니, 曰 惟公則生明하고 惟廉則生威요,
거 관   유 이 어   왈 유 공 즉 생 명   유 렴 즉 생 위

居家에 有二語하니, 曰 惟恕則情平하고
거 가   유 이 어   왈 유 서 즉 정 평

惟儉則用足이니라.
유 검 즉 용 족

한자 풀이

惟(생각할 유) 威(위엄 위) 恕(용서할 서) 則(법칙 즉)

情平(정평) : 정이 균등함.   公(공) : 공평무사한 것.
廉(염) : 청렴결백함.

주제 엿보기

옛날 청렴하기로 소문난 한 선비가 있었다. 어느 날 그 선비가 다른 마을로 이사를 가서 새집을 장만했다. 계약을 마치고 돌아온 저녁 무렵, 어떤 사람이 그 선비를 찾아왔다. 그 사람은 인사를 마치자마자 선비에게 낮에 집값으로 치렀던 금화 열 닢을 내놓으며 그중 세 닢을 돌려 주겠다고 말했다.

"오늘 낮에 선비께서 제가 잠시 집을 비운 사이 제 아내와 저희 집을 사시기로 계약을 하신 모양인데 저는 이 돈을 다 받을 수가 없습니다."

어안이 벙벙해진 선비가 그 연유를 물었다.

"집도 마음에 들고 해서 적당한 값을 치렀다고 생각하는데 지금에 와서 돈의 일부를 돌려 주겠다니 그럼 계약을 파기하자는 뜻입니까?"

"계약을 파기하자는 게 아니라 저는 집 가격을 제값에 맞게 받겠다는 것입니다."

"집 가격을 제값에 받겠다는 게 무슨 말씀이십니까?"

"선비께서 사신 저희 집은 제가 몇 년 전 금화 일곱 닢을 주고 산 뒤 그동안 살면서 한 번도 제대로 집수리를 한 적도 없는데 금화 열 닢을 받고 되판다는 건 불공평할 뿐만 아니라 저의 이름을 더럽히는 일입니다."

선비는 그 사람의 말을 듣고 가만히 앉았다가 말했다.

"그때의 시세와 지금의 시세는 틀리지 않습니까? 그러니 금화 세 닢을 더 받은들 그다지 문제될 것이 있겠소? 그냥 그대로 금화 열 닢으로 합시다."

선비의 말을 들은 그 사람은 강경한 어조로 말했다.

"그렇게는 안 됩니다. 이 금화 세 닢을 돌려받든지 아니면 도로 물리도록 합시다."

그 사람의 강경한 태도에 선비도 다소 격앙된 어투로 말했다.

"보시오, 당신만 청렴하다고 생각하지 마시오. 나도 평생 청렴함만을 고집하며 살아온 사람이오. 의롭지 못한 일은 듣지도 않고 보지도 않았는데, 이제 와서 남의 집을 제값보다 싸게 샀다는 말은 나도 듣고 싶지 않소."

선비와 그 사람은 한참을 더 그렇게 서로 받을 수 없다고 논쟁을 벌이다가 결국 금화 세 닢을 가난한 사람들을 위해 쓰자고 합의를 하고 헤어졌다.

주제 요약

나라가 바로서기 위해서는 관직에 있는 사람들이 사사로운 인정이나 사욕에 이끌리지 않고, 오로지 공평하고 밝은 마음으로 청렴함을 추구하고 국민들의 안위를 위해 애쓰는 것이 기본 도리이자 갖추어야 할 필수 덕목이다.

59
소인배의 아첨을 좋아하지 말라

소인배에게 미움과 비난을 받을지언정 그들의 아첨과 칭찬은 받지 말라. 군자에게 꾸짖음을 받을지언정 군자의 포용은 받지 말라.

寧爲小人所忌毀언정 毋爲小人所媚悅하고,
영 위 소 인 소 기 훼　　　　　무 위 소 인 소 미 열

寧爲君子所責修언정 毋爲君子所包容하라.
영 위 군 자 소 책 수　　　　　무 위 군 자 소 포 용

한자 풀이

寧(편안할 영) 毁(헐 훼) 媚(아첨할 미) 悅(기쁠 열)

어휘 풀이

忌毀(기훼) : 꺼리고 비방함.
媚悅(미열) : 아첨하고 기뻐함.

주제 엿보기

중국 당나라 태종은 어진 학자들을 많이 등용하고 신하들의 간언을 잘 듣기로 유명한데, 거기에는 그럴 만한 사연이 있었다.

하루는 신하들과 조회를 마치고 나온 태종이 분노를 참지 못하면서 황후에게 말했다.

"언젠가는 내 손으로 그놈의 목을 치고 말겠다!"

태종의 말을 듣고 깜짝 놀란 황후는 태종에게 도대체 그 사람이 누구냐고 물었다.

"바로 위징이라는 놈이오. 그놈이 조회 때마다 신하들 앞에서 대놓고 나를 욕하니, 이제 더는 견딜 수가 없소!"

태종의 말을 들은 황후는 곧 자리에서 일어나 밖으로 나가더니 정장인 조복(朝服)으로 갈아입고 마당에서 태종을 향해 평상시와는 달리 큰절을 올렸다. 놀란 태종이 그 연유를 묻자 황후가 이렇게 말했다.

"하례드리옵니다, 폐하! 예부터 임금이 어질면 신하가 곧다고 했사옵니다. 위징이 그처럼 곧은 말을 할 수 있는 까닭은 바로 폐하께서 어질기 때문이옵니다."

황후의 말을 들은 태종은 느끼는 바가 있어, 그 후에는 비위에 거슬리는 말을 하는 신하가 있어도 너그럽게 받아들였다.

주제 요약

소인배를 가까이 해서 좋을 것은 하나도 없다. 차라리 비방을 당하더라도 멀리 경계하는 것이 자신을 발전시키는 길이다. 소인배들의 생각에 맞추어 행동하고 그들의 아첨에 속아 넘어간다면 결국 스스로도 소인배가 되기를 자청하는 것이다.

60

재주는 안으로 숨겨
큰일을 맡을 힘을 길러라

  매가 조는 듯이 앉아 있고 호랑이가 아픈 듯이 걸어가지
만, 이는 곧 남을 움켜쥐고 잡아먹는 수단이다. 그러므로 군
자는 총명함을 보이지 말고 재능을 쉽게 드러내지 말아야만
큰일을 맡을 힘을 지닌 것이다.

鷹立如睡하고 虎行似病하나니
응 립 여 수   호 행 사 병

正是他攫人噬人手段處니라. 故로 君子는
정 시 타 확 인 서 인 수 단 처   고   군 자

要聰明不露하고 才華不逞하나니
요 총 명 불 로   재 화 불 령

纔有肩鴻任鉅的力量이니라.
재 유 견 홍 임 거 적 역 량

鷹(매 응) 睡(잘 수) 攫(붙잡을 확) 噬(씹을 서)

鴻(큰기러기 홍) 鉅(클 거)

才華(재화) : 재주의 화려함.

肩鴻(견홍) : 어깨가 넓음.

任鉅(임거) : 큰 짐을 짊어짐.   露(노) : 드러냄, 노출.

주제 엿보기

옛날 어느 마을에 닭싸움을 즐겨하는 부자가 있었다. 부자는 매번 돌아오는 장날이면 벌어질 닭싸움을 대비해서 싸움닭을 훈련시키는 하인까지 따로 둘 정도였다. 장날이 가까워지자 부자는 싸움닭을 훈련시키는 하인을 불러 물었다.

"이번 장날에 나가 싸울 준비가 되었느냐?"

싸움닭을 훈련시키는 하인이 공손하게 대답했다.

"아직 때가 이릅니다. 지금 싸움판에 나갔다간 괜히 허세만 부리며 제 기운만 빼고 말 것입니다."

그로부터 다시 며칠이 지나 다시 하인을 불렀다. 하인은 여전히 고개를 가로저으며 대답했다.

"좀더 기다려야겠습니다. 지금도 다른 닭들을 보면 무작정 덤벼들 기세로 설쳐대고 있습니다."

다음 장날이 돌아오자 부자가 하인을 불러 다시 물었으나 하인의 대답은 마찬가지였다.

"제 생각으로는 다음 장날쯤이면 괜찮을 것 같습니다. 아직도 다른 닭을 노려보는 눈초리가 곱지 못합니다."

기다리던 장날이 돌아오자 은근한 기대를 품고 다시 하인을 불러 물었다.

"네가 말한 날짜가 돌아오는 장날이 분명하렸다. 이제 준비가 다 되었느냐?"

그제서야 하인은 빙긋 미소를 띠며 대답했다.

"이제 때가 된 것 같습니다. 지금은 다른 닭을 곁에 데려다 놓아도 아무런 동요도 일으키지 않아 멀리서 그 모습을 바라보고 있으면 꼭 나무로 만든 닭처럼 보입니다. 이제 비로소 그 기개가 최고의 경지에 오른 것이지요. 그렇게 가만히 서 있기만 해도 그 위세에 눌려 다른 닭들은 아마 제대로 대응할 생각조차 못하고 도망쳐 버릴 것입니다."

주제 요약

가슴속에 높은 이상을 품은 사람은 자신의 총명함을 속으로 감추고 함부로 드러내지 않는다. 매가 조는 듯 앉아 있어도 순식간에 새를 낚아채고, 호랑이가 둔한 듯 걸어도 먹이를 발견하면 놓치지 않는 것처럼 뛰어난 재주와 총명함은 뜻을 펼 때까지 안으로 감추어 두고 자신을 계속 담금질해야 한다. 그리하여 언젠가 때가 이르렀을 때 비로소 숨겨둔 재주와 총명함을 드러내야 바로 설 수 있다.

61

검소함은 미덕이되
너무 인색해서도 안 된다

검소함은 미덕이지만 너무 지나치면 인색하고 비색해져 오히려 정도를 해치고, 겸손함은 아름다운 행실이지만 그 또한 지나치면 아첨과 비굴함이 되어 음흉한 마음이 많아지게 된다.

儉은 美德也나 過則爲慳吝하고 爲鄙嗇하여
검   미덕야   과즉위간린   위비색

反傷雅道하고, 讓은 懿行也나 過則爲足恭하고
반상아도   양   의행야   과즉위족공

爲曲謹하여 多出機心이니라.
위곡근   다출기심

한자 풀이

慳(아낄 간) 鄙(다라울 비) 嗇(아낄 색) 雅(메까마귀 아)
恭(공손할 공) 謹(삼갈 근)

어휘 풀이

慳吝(간린) : 굳고 인색한 것.
鄙嗇(비색) : 비굴하고 인색한 것.
雅道(아도) : 안전한 도리.
懿行(의행) : 아름다운 행위.
足恭(족공) : 지나치게 공손함.
機心(기심) : 모의하는 마음, 꾸미는 마음.

주제 엿보기

구두쇠 부자가 살고 있는 마을에 흉년이 들었는데 구두쇠는 이웃들을 위해 쌀 한 톨 내놓지 않았다. 그 소문을 들은 노승이 구두쇠를 찾아갔다. 노승이 시주를 청하사 구누쇠가 나와서 노승이 집으로 들어오지 못하게 대문을 걸어 잠그려 했다. 그때 노승이 구두쇠에게 주먹 쥔 손을 내밀며 말했다.

"만약 이 손을 펼 수 없다면 어찌 되겠소?"

"그야, 당연히 손 병신이지."

노승은 그제야 주먹 쥔 손을 펴며 말했다.

"그렇게 움켜쥐고 평생을 손 병신으로 사시겠습니까?

주먹 쥔 손을 펴서 수많은 공덕을 쌓으시겠습니까?"
　노승은 그 말 한마디를 남기고 표표히 사라졌다.

주제 요약

검소함과 인색함에는 확연한 차이가 있다. 검소함은 훌륭한 덕행이기는 하지만 너무 지나쳐 인색해지면 오히려 추한 악행이 된다. 검소함을 미덕으로 여기되 너무 인색하지 말라.

62

마음이 흡족하다고 기뻐하지 말라

뜻대로 일이 되지 않음을 걱정하지 말고, 마음에 흡족하다
하여 기뻐하지 말며, 오래 편안하기를 믿지 말고, 처음이 어
렵다고 걱정하지 말라.

毋憂拂意하고 毋喜快心하며 毋恃久安하고
무 우 불 의　　　　무 희 쾌 심　　　　무 시 구 안

毋憚初難하라.
무 탄 초 난

한자 풀이

拂(떨 불) 快(쾌할 쾌) 恃(믿을 시) 憚(꺼릴 탄)
難(어려울 난) 憂(근심할 우) 毋(말 무)

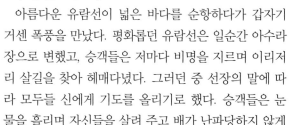

주제 엿보기

아름다운 유람선이 넓은 바다를 순항하다가 갑자기 거센 폭풍을 만났다. 평화롭던 유람선은 일순간 아수라장으로 변했고, 승객들은 저마다 비명을 지르며 이리저리 살길을 찾아 헤매다녔다. 그러던 중 선장의 말에 따라 모두들 신에게 기도를 올리기로 했다. 승객들은 눈물을 흘리며 자신들을 살려 주고 배가 난파당하지 않게만 해준다면 감사의 제물을 바치겠다고 기도했다.

얼마 후 거짓말처럼 폭풍이 가라앉고 바닷물이 잔잔해졌다. 죽음의 위험에서 살아난 승객들은 모두들 환호성을 지르며 기뻐했다. 그들은 신에게 올린 기도는 까마득히 잊고 축제를 열었다. 그때 선장이 승객들에게 소리쳤다.

"여러분, 축제를 여는 것도 좋지만 언제 또다시 폭풍을 만날지도 모른다는 것을 잊어서는 안 됩니다. 약속한 대로 신에게 먼저 감사의 제물을 바쳐야 합니다."

주제 요약

사람의 앞일은 예측할 수 없다. 현실이 괴롭다고 해서 미래의 즐거움이 없는 것이 아니며, 지금이 힘들다고 해서 그것이 평생토록 이어지는 것은 아니다. 중요한 것은 하루하루를 헛되이 보내지 않고 다가올 내일을 준비하는 일이다.

63

냉철함으로 바른 판단을 하라

　냉철한 눈으로 사람을 보고, 냉철한 귀로 남의 말을 들으며, 냉철한 감정으로 매사를 처리하고, 냉철한 마음으로 도리를 생각하라.

冷眼觀人하고 冷耳廳語하며 冷情當感하고
냉 안 관 인　　　냉 이 청 어　　　냉 정 당 감

冷心思理니라.
냉 심 사 리

한자 풀이

冷(찰 냉) 眼(눈 안) 觀(볼 관) 廳(관청 청) 耳(귀 이)

어휘 풀이

冷(냉) : 냉정함, 냉철함, 침착하고 사리에 밝음.
當(당) : 감당함, 대처함. 感(감) : 감정, 마음을 움직이다.

주제 엿보기

고대 중국의 한나라를 세운 유방은 항우보다 뛰어난 인물이 아니었음에도 불구하고 항우를 물리치고 천하를 통일해서 한나라를 세웠다. 싸움에서 승리한 유방은 신하들을 불러 말했다.

"나는 황제의 자리에 알맞지 않으니 나보다 더 나은 사람을 황제의 자리에 오르게 하는 것이 어떻겠느냐?"

그 말을 들은 신하들은 모두들 큰절을 올리며 말했다.

"저희들이 목숨을 다해 보필하겠습니다. 부디 황제의 자리에 오르소서."

신하들의 간청에 못 이긴 유방은 결국 황제의 자리에 올랐다. 황제가 된 유방이 어느 날 신하들에게 물었다.

"항우가 천하를 통일하지 못하고 대신 내가 통일을 이룬 까닭이 무엇이라고 생각하느냐?"

그러자 한 신하가 대답했다.

"그 이유는 항우는 자기보다 현명한 이를 질투하고, 또 장수가 싸움에서 승리해도 그를 소중히 여기지 않으며, 땅을 빼앗겨도 다른 사람에게 맡기지를 않기 때문입니다."

그 신하의 말에 유방은 웃으며 말했다.

"경은 아직 잘 모르고 있군. 나는 지략에 있어서는 장량(張良)을 따르지 못하고, 아랫사람을 관리하고 다스리는 데는 소하(蕭何)보다 못하며, 군사를 일으켜 싸우는 데는 한신(韓信)의 책략을 능가하지 못하지. 그래서 이 세 사람에게 중책을 맡겨 각자의 능력을 마음껏 발휘하도록 했던 것이다. 그 결과 천하를 통일할 수가 있었지. 그렇지만 항우는 범증(范增)이라는 훌륭한 인물을 옆에 두고도, 그의 능력을 제대로 활용하지 못해 나와의 싸움에서 패한 것이다."

주제 요약

사람을 잘못 판단하는 이유는 여러 가지 감정에 얽매여 그 사람의 진정한 내면을 바로보지 못하기 때문이다. 사람을 볼 때에는 객관적이고도 냉철한 시각으로 보고, 귀로 남의 말을 들을 때에는 자신만의 편견이나 아집으로 평가하지 말고, 열려 있으되 공정한 잣대로 보아야 한다.

64
마음이 넉넉하고 어질면 만사가 순조롭다

어진 이는 마음이 넓고 너그러워서 복이 많고 경사가 오래가므로 하는 일마다 여유로운 기상을 이룬다. 비루한 이는 마음이 다급하여 복록이 박하고 혜택이 짧으므로 하는 일마다 그 규모가 옹졸하고 촉박하다.

仁人은 心地寬舒라 便福厚而慶長하여
인 인　　심 지 관 서　　변 복 후 이 경 장

事事成個寬舒氣象하고, 鄙夫는 念頭迫促이라
사 사 성 개 관 서 기 상　　비 부　　염 두 박 촉

便祿薄而澤短하여 事事得個迫促規模니라.
변 록 박 이 택 단　　사 사 득 개 박 촉 규 모

한자 풀이

舒(펄 서) 迫(닥칠 박) 促(재촉할 촉) 規(법 규) 模(법 모)
澤(못 택) 祿(복 록)

心地(심지) : 마음.

寬舒(관서) : 너그럽고 여유 있는 것.

氣象(기상) : 기질의 모습.

鄙夫(비부) : 비천한 사나이.

念頭(염두) : 생각.   迫促(박촉) : 급박하고 조급한 것.

規模(규모) : 생긴 모양.

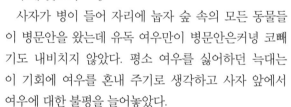

주제 엿보기

사자가 병이 들어 자리에 눕자 숲 속의 모든 동물들이 병문안을 왔는데 유독 여우만이 병문안은커녕 코빼기도 내비치지 않았다. 평소 여우를 싫어하던 늑대는 이 기회에 여우를 혼내 주기로 생각하고 사자 앞에서 여우에 대한 불평을 늘어놓았다.

"아무리 생각해도 여우는 우리들의 왕인 당신을 무시하는 것 같습니다. 며칠이 지나도 한 번도 병문안을 오지 않는 것만 봐도 여우가 얼마나 당신을 무시하는지 알 수 있잖아요?"

늑대의 말을 들은 사자는 화를 버럭 내며 당장 여우

를 잡아오라고 소리를 쳤다. 늑대는 곧 다른 동물들과 함께 여우를 잡아 사자 앞으로 끌고 왔다. 여우를 본 사자는 큰소리로 으르렁거리며 한 번도 자신을 찾아오지 않은 까닭을 물었다. 그러자 여우는 태연하게 말했다.

"우리들의 왕이신 당신이 병이 들었다는 소식을 듣고 저는 얼마나 마음이 아팠는지 모릅니다. 그래서 어떻게 하면 당신의 병을 낫게 할 수 있을까 고민하다가, 마침 유명한 의사가 산 너머에 왔다는 소리를 듣고 제가 직접 그 의원을 찾아가 당신의 병을 낫게 해달라고 부탁했습니다. 그러자 그 의원의 말이 다른 약은 백해무익하지만 오직 한 가지, 살아 있는 늑대의 가죽을 벗겨 몸에 두르면 당신의 병이 씻은 듯이 나을 것이라고 일러주었습니다. 그래서 그 사실을 알리려고 당신에게 급히 오고 있는 중이었습니다."

여우의 말을 들은 사자는 화색을 띠며 여우를 입이 닳도록 칭찬했다. 그리고 즉시 늑대의 가죽을 벗기도록 명령했다. 늑대는 부들부들 떨며 도망치려고 했으나 이미 다른 동물들에게 둘러싸인 상태였다. 그 모습을 본 여우는 늑대를 비웃으며 사자가 듣지 못하도록 늑대의 귀에다 대고 조그맣게 속삭였다.

"이 어리석은 친구야, 나를 좀더 좋게 말했더라면 이렇게 목숨까지 잃지 않아도 되었을 텐데……."

주제 요약

어질고 착한 사람은 어느 곳에서든지 남에게 이익을 주고 득이 되며 남달리 복이 많아 경사가 끊이지 않는다. 반면 마음이 옹색하고 깨끗하지 못한 사람은 어디를 가든지 불화를 일으키고 남에게 해악을 끼치며 자손에게 미치는 혜택도 보잘것없다.

65

역경에 부딪히면
자신보다 못한 사람을 생각하라

조금이라도 일이 뜻대로 되지 않을 때에는 곧 자기보다
못한 사람을 생각하라. 그러면 원망하는 마음이 저절로 없어
질 것이다. 조금이라도 마음이 게을러지려 할 때에는 곧 자
기보다 나은 사람을 생각하라. 그러면 분발하는 마음이 저절
로 생겨날 것이다.

事稍拂逆에는 便思不如我的人이면 則怨尤自消하고,
사 초 불 역　　　변 사 불 여 아 적 인　　　즉 원 우 자 소

心稍怠荒에는 便思勝似我的人이면 則精神自奮이니라.
심 초 태 황　　　변 사 승 사 아 적 인　　　즉 정 신 자 분

한자 풀이

稍(점점·적을 초) 怠(게으름 태) 荒(거칠 황) 奮(떨칠 분)

228

拂逆(불역) : 거리끼고 거슬림.

不如我(불여아) : 나보다 못함.

怨尤 (원우) : 원망하고 탓함.

怠荒(태황) : 게을러지고 거칠어짐.

勝似我(승사아) : 나보다 나음.

주제 엿보기

남편을 일찍 잃고 아들 하나만을 의지하며 살아온 한 가난한 여인이 있었다. 그런데 어느 날 그 아들마저도 몹쓸 병에 걸려 죽어버리자 그 여인은 하늘이 무너지는 듯한 슬픔에 빠져 삶의 의욕을 잃어버렸다. 여인은 박복하기만 한 자신의 삶을 한탄하다가 죽은 사람도 살려낸다는 어떤 성자의 얘기를 듣고 그 성자를 찾아가 아들을 살려달라고 애원했다. 여인의 간절한 애원에 성자는 이렇게 말했다.

"좋소. 당신의 아들을 살려 주겠소. 그러나 아직까지 단 한 사람도 죽은 사람이 없는 집 마당에서 흙 한줌을 가져다 주시오."

그 말을 들은 여인은 아들을 살릴 수 있다는 희망에 부풀어 온 마을을 돌아다니며 단 한 사람도 죽은 사람이 없는 집을 찾기 시작했다. 그런데 어느 집도 사람이 죽지 않은 집이 없었다.

저녁 무렵 여인은 지친 몸을 이끌고 다시 성자를 찾아왔다. 여인은 슬픔에 가득 찬 목소리로 성자에게 말했다.

"온 마을을 다 돌아다녀도 사람이 죽지 않은 집은 단한 집도 없었습니다. 다른 방법은 없겠습니까?"

여인의 말에 성자가 대답했다.

"불쌍한 여인이여! 다른 방법은 없습니다. 사람은 태어나면 언젠가는 죽게 마련입니다. 그리고 살아남은 사람들은 또한 자신의 삶을 열심히 살아가지요. 그러니 이제 그만 슬픔을 극복하고 자신의 삶에 충실하십시오."

성자의 말을 들은 여인은 무언가 깨닫는 바가 있는 듯 눈물을 닦으며 조용히 일어나 집으로 돌아갔다.

우리들은 조그만 일이 뜻대로 풀리지 않으면 곧잘 실의에 빠져 좌절하게 된다. 그런 마음이 생길 때에는 눈을 크게 뜨고 나보다 더 못한 사람들, 훨씬 더 어려운 환경에서 몸부림치는 사람들과 뜻밖의 불행에 닥쳐 힘들어하는 사람들을 생각하며 그 시기를 극복해야 한다. 또한 반대로 마음이 조금이라도 태만해질 때에는 나보다 더 나은 사람들, 세상의 큰 공적을 쌓은 사람들을 생각하며 한층 더 진일보하기 위해 스스로를 채찍질해야 할 것이다.

66

항상 신중하게 행동하라

기쁨에 들떠서 가벼이 허락하지 말고, 술 취한 것을 빙자해서 화내지 마라. 유쾌함에 들떠서 많은 일을 만들지 말고, 권태롭다고 해서 함부로 일을 그만두지 마라.

不可乘喜輕諾하고 不可因醉而生嗔하며
불 가 승 희 경 낙   불 가 인 취 이 생 진

不可乘快而多事하고 不可因倦而鮮終이니라.
불 가 승 쾌 이 다 사   불 가 인 권 이 선 종

한자 풀이

乘(탈 승) 諾(대답할 낙) 醉(취할 취) 倦(게으를 권)

어휘 풀이

輕諾(경낙) : 경솔하게 허락하는 것.
生嗔(생진) : 화를 내다.

232

多事(다사) : 쓸데없는 일을 많이 만드는 것.
鮮終(선종) : 끝맺음을 제대로 못 하는 것.

주제 엿보기

한 나라의 왕이 너무 수다스러워서 신하들은 왕의 수다 떠는 소리에 모두들 넌더리를 내고 있었다. 그날도 신하들은 왕을 모시고 정원으로 산책을 나갔는데 여전히 왕은 쉴새없이 지껄이며 신하들을 못살게 굴었다.

그런데 산책이 막 끝나갈 즈음, 갑자기 하늘에서 난데없이 개구리 한 마리가 뚝 떨어지더니 창자가 터져 죽어버렸다. 이를 본 왕이 대체 어찌된 영문이냐고 묻자 현명한 신하가 이 기회에 왕의 수다스러움을 고치겠다고 생각하고는 왕에게 개구리가 땅에 떨어진 이유를 설명해 주었다.

"수다쟁이 개구리 한 마리가 연못에서 기러기와 함께 살았습니다. 어느덧 기러기들이 떠날 때가 되어 개구리에게 작별인사를 하자 개구리는 못내 아쉬운 듯 자기도 데려가 달라고 기러기에게 졸랐습니다. 기러기들은 처음에는 안 된다고 거절했지만 개구리가 하도 졸라대는 바람에 어쩔 수 없이 승낙을 하고 개구리를 데려갈 방도를 생각했습니다. 한참을 궁리하던 기러기들은 개구리에게 가느다란 나뭇가지를 구해 와서는 기러기 둘이서 나뭇가지 양쪽 끝을 입에 물고 하늘을 나는 동안에만 개구리가 입으로 그 나뭇가지를 물고 있으면 된다고 제안을 했습니다. 기러기의 제안에 개구리는 박수를 치며 좋아했고 곧 떠날 채비를 서둘렀습니다. 이윽고 개구리가 입으로 나뭇가지를 물고 기러기 둘이서 그 양쪽 끝을 물고 하늘로 날아올랐습니다. 생전 처음 하늘을 날게 된 개구리는 좋아서 어쩔 줄을 몰라했습니다. 개구리는 소리라도 지르고 싶었지만 물고 있는 나뭇가지 때문에 입을 열 수가 없었습니다. 한참을 그렇게 날아가는데 왕이 살고 있는 궁궐이 보였습니다. 처음 본 궁궐의 모습은 너무나 웅장하고 아름다웠습니다. 개구리는 더 이상 참지 못하고 뭔가 말하려고 입술을 달싹거렸습니다. 순간, 개구리는 그만 땅으로 떨어지고 말았던 것이지요."

신하의 이야기를 들은 왕은 약간 불쾌한 듯 얼굴을

찡그리며 말했다.

"왠지 나를 두고 하는 이야기 같구먼."

왕의 말에 신하가 웃으며 대답했다.

"제 얘기는 그저 무엇이든 정도가 지나치면 화를 부를지도 모른다는 것입니다."

주제 요약

마음이 즐겁다고 해서 감당하지도 못할 일을 저지르지 말고, 술을 마셨다고 해서 그 취기를 빌미삼아 화를 내어서는 안 된다. 마음이 흡족하다고 해서 그 기분으로 제대로 다 하지도 못할 일을 벌려도 안 되며, 권태롭다고 하여 하던 일을 중도에 그만두어서도 안 된다.

67

재주가 중간인 사람과는 매사를 함께하기 어렵다

학덕이 극치에 이른 사람이 무엇을 생각하고 근심하겠는가? 어리석은 사람은 우매하여 지식도 생각도 없으니, 함께 학문을 논하거나 더불어 공을 세울 수도 있다. 오로지 재주가 중간인 사람만이 약간의 생각과 지식이 있다고 여겨 억측과 시기하는 마음이 많으니 매사를 함께하기가 어렵다.

至人은 何思何慮리오. 愚人은 不識不知라
지인   히 시 하 려   우인   불 식 부 지

可與論學하고 亦可與建功이로되, 唯中才的人은
가 여 론 학   역 가 여 건 공   유 중 재 적 인

多一番思慮知識이라 便多一番億度猜疑하여
다 일 번 사 려 지 식   변 다 일 번 억 도 시 의

事事難與下手니라.
사 사 난 여 하 수

番(갈마들 번) 億(억 억) 猜(새암할 시) 與(줄 여)

어휘 풀이

至人(지인) : 덕이 높은 사람.

中才(중재) : 중간치의 재주.

一番(일번) : 한편.   億度(억도) : 억측.

猜疑(시의) : 시기하고 의심함.

下手(하수) : 손을 댐, 함께 일함.

주제 엿보기

사회적으로 저명한 지식인이 하루는 덕이 높은 고승을 찾아가 단도직입적으로 물었다.

"스님, 선이란 어떤 것입니까?"

노승은 한눈에 그 지식인의 교만한 마음을 꿰뚫어보고, 아무 말 없이 지식인의 찻잔에 넘치도록 차를 따랐다. 노승의 그런 행동에 지식인이 짜증을 내며 말했다.

"스님, 찻물이 넘쳐흐릅니다. 이제 그만 따르십시오!"

지식인의 말에 비로소 노승이 입을 열었다.

"지금 넘치는 것은 찻물이 아니라 교만한 당신의 마음이오. 당신이 그 마음을 비우지 않는 이상 거기에다 무엇을 더 담을 수 있겠소."

주제 요약

별로 뛰어나지도 않은 자신의 얄팍한 재주와 지식만을 믿고 교만에 가득 찬 마음으로 사는 사람들이 있다. 그런 사람들과 학문이나 인간의 도리에 대해서 논하느니 차라리 아무것도 모르는 바보와 얘기를 하는 게 더 낫다.

68

입은 마음의 문이요 뜻은 마음의 발이다

입은 곧 마음의 문이므로 입을 엄격히 통제하지 않으면 중요한 기밀이 다 새어나가며, 뜻은 곧 마음의 발이므로 뜻을 엄중히 단속하지 않으면 나쁜 길로 빠지게 된다.

口乃心之門이니 守口不密이면 洩盡眞機하고,
구 내 심 지 문　　　수 구 불 밀　　　설 진 진 기

意乃心之足이니 防意不嚴이면 走盡邪蹊니라.
의 내 심 지 족　　　방 의 불 엄　　　주 진 사 혜

眞機(진기) : 깊고 오묘한 이치, 중요한 기밀.

邪蹊(사혜) : 그릇된 길.

주제 엿보기

작은 생쥐 한 마리가 먹이를 구하러 나갔다가 솔개에게 잡아먹힐 위험에 처했다. 그때 마침 그 모습을 본 도인이 생쥐를 불쌍히 여겨 생쥐를 자기 집으로 데려와 보살펴 주었다.

그런데 하루는 어디선가 도둑고양이 한 마리가 나타나 생쥐를 잡아먹으려고 호시탐탐 기회를 엿보는 것이었다. 도둑고양이의 속셈을 눈치 챈 도인은 생쥐를 무서운 개로 만들어 주었다. 그 모습을 본 도둑고양이는 기겁을 하고 도망을 쳤다. 개로 변한 생쥐는 이리저리 숲 속을 돌아다니다가 그만 호랑이와 맞닥뜨리고 말았다.

도인은 곧 개로 변한 생쥐를 사나운 호랑이로 만들어 주었다. 그 모습을 본 호랑이도 역시 무서워서 어디론가 달아나 버렸다. 호랑이가 된 생쥐는 자신의 본모습은 생각하지도 않고 거만한 모습으로 하루 종일 숲 속을 어슬렁거리며 다른 동물들을 겁 주거나 못살게 굴었다. 이 모습을 지켜본 도인이 호랑이가 된 생쥐를 몹시 심하게 꾸짖었다.

"이놈, 너는 하찮은 생쥐로서 오래 전에 죽을 목숨이었다. 그런 너를 불쌍히 여겨 지금까지 연명하게 해주었거늘 어찌 그렇게 다른 동물들을 괴롭히고 다니느냐?"

호랑이가 된 생쥐는 도인의 말에 화가 나서 자신이 생쥐였다는 사실을 잊고 오히려 도인을 향해 으르렁거렸다.

"지금부터 누구든지 지난날 내가 생쥐였다고 말하는 녀석은 가만두지 않겠다."

그 말을 들은 도인은 화가 머리끝까지 치밀었다.

"이런 배은망덕한 녀석 같으니라고! 다시 본래대로 생쥐나 되어버려라."

도인의 말이 끝나기가 무섭게 호랑이는 다시 예전의 작고 겁 많은 생쥐로 변했다. 그 모습을 본 숲 속의 동물들은 생쥐를 향해 앙갚음을 하기 위해 달려들었고, 생쥐는 걸음아 날 살려라 하고 숲 속으로 달아나기에 바빴다.

마음의 밭인 뜻을 지켜 자신의 지난날을 돌이켜보고 반성하며 자만에 빠지지 않는 길이 바로 사악한 구렁텅이로 굴러 떨어지지 않는 유일한 방법이다. 마음을 굳게 지키면 곧 그 문인 입도 조심하게 되어 마음속의 말을 함부로 밖으로 내뱉는 어리석음을 범하지 않을 것이다.

69

곱고 일찍 지는 것은
담담하고 오래가는 것만 못 하다

복숭아꽃과 오얏꽃이 제아무리 아름다워도 어찌 푸른 소나
무와 잣나무의 곧은 절개만 하겠으며, 배와 살구가 제아무리
달아도 어찌 노란 유자와 푸른 귤의 맑은 향기만 하겠는가?
참으로 아름답고 일찍 지는 것은 담담하고 오래가는 것만 못
하고, 일찍 익는 것은 늦게 익는 것만 못 하다.

桃李雖艶이나 何如松蒼栢翠之堅貞이며,
도 리 수 염　　　하 여 송 창 백 취 지·견 정

梨杏雖甘이나 何如橙黃橘綠之馨冽이리오.
이 행 수 감　　　하 여 등 황 귤 록 지 형 렬

信乎라 濃夭는 不及淡久하며 早秀는 不如晚成也로다.
신 호　　농 요　　불 급 담 구　　　조 수　　불 여 만 성 야

桃(복숭아 도) 艶(고울 염) 蒼(푸를 창) 堅(굳을 견)
橘(귤나무 귤) 馨(향기 형)

어휘 풀이

橙黃(등황) : 유자나무가 노란빛을 띰.
信乎(신호) : 참으로 ~을 믿을 만함.
濃夭(농요) : 색이나 향기가 짙으면서도 일찍 시듦.
淡久(담구) : 색이나 향기가 담담하면서도 오래 감.
早秀(조수) : 일찍 아름답게 됨.
晩成(만성) : 늦게 이루어짐.

주제 엿보기

고대 중국의 삼국시대 위나라 무제가 신임하고 아끼는 신하들 중에서 최염이라는 장수가 있었는데, 기골이 장대하고 덕망 또한 높아서 그 위풍당당함을 따를 자가 없었다.

그런데 최염에게는 최림이라는 사촌동생이 있었는데 최염과 달리 뛰어난 구석이라곤 하나도 찾아볼 수 없는 인물이었다. 그런 까닭에 주위 사람들은 물론 친척들까지도 그를 대수롭지 않게 생각했는데 인재를 보는 눈이 남달랐던 최염만이 유독 그 동생을 아끼고 격려했다.

"지금보다 더욱 정진하라. 큰 그릇이 늦게 만들어지는 것과 같이 큰인물 또한 쉽게 되지 않는 법이다."

최염의 말대로 최림은 나중에 삼공(三公, 재상)의 자리에까지 올랐다.

주제 요약

'대기만성'이란 말이 있다. 큰 그릇은 늦게 만들어진다는 뜻이니, 사람의 됨됨이 또한 그러하다.

70

세월은 본래 긴데
이욕을 좇는 자들이 촉박하다고 한다

세월은 본래 길건만 바쁜 이들은 스스로 촉박하다 하고,
천지는 본래 넓건만 속된 이들은 스스로 좁다고 하며, 바람
과 꽃, 눈과 달은 본래 한가하건만 악착같은 이들은 스스로
번잡하다고 한다.

歲月은 本長이나 而忙者自促하고, 天地는 本寬이나
세 월   본 장   이 망 자 자 촉   천 지   본 관

而鄙者自隘하며 風花雪月은 本閒이나
이 비 자 자 애   풍 화 설 월   본 한

而勞攘者自冗이니라.
이 로 양 자 자 용

鄙者(비자) : 마음이 좁고 천박한 사람.

風花雪月(풍화설월) : 봄의 꽃, 여름의 바람, 겨울의 눈.
　　　　　　　　　곧 사계절의 풍경.

勞攘(노양) : 바쁘게 뛰어다님.

주제 엿보기

　성미가 몹시 급하고 어리석은 한 농부가 있었다. 모내기를 끝낸 농부는 논의 벼가 어서 빨리 자라 결실을 맺기를 밤낮으로 기다렸다. 그런데 논에 심은 벼의 키는 열흘이 지나고 한 달이 지나도 그대로인 것 같았다.

　기다리다 못한 농부는 벼의 키를 키워 줄 생각으로 하루는 논으로 나가 벼를 하나씩 쑥쑥 잡아당겼다. 그날 저녁 일을 끝내고 집으로 돌아온 농부가 아내에게 말했다.

　"여보, 하루 종일 벼를 잘 자라게 해주느라 녹초가 됐소. 그렇지만 벼가 많이 자란 것을 보니 기분이 좋아!"

　농부의 말을 들은 아내가 이상한 생각이 들어 급히

논으로 달려가 보니, 뿌리가 뽑힌 벼들이 햇볕에 바싹
말라 죽어 있었다.

> **주제 요약**
>
> 세월은 길고 오랜 법인데 욕심에 눈먼 사람들이 자신의
> 이욕만을 탐하여 마음의 평온함을 찾지 못하고 세월이
> 짧다고 한탄한다. 인간의 욕심은 자연의 이치까지도 변
> 질시키고 있다. 곡식은 때가 되어야 열매를 맺는 것이
> 순리이다.

71

배우는 이는 보고 듣는 것마다 깨닫는 바가 있어야 한다

　지저귀는 새소리와 풀벌레의 울음소리는 전부가 마음을 전하는 비결이요, 꽃잎과 풀빛은 진리를 나타내는 글이 아닌 것이 없다. 배우는 이는 반드시 마음을 맑고 가슴을 밝게 하여 보고 듣는 것마다 늘 깨치는 바가 있어야 한다.

鳥語蟲聲도 總是傳心之訣이요 花英草色도
조 어 충 성　　총 시 전 심 지 결　　화 영 초 색

無非見道之文이니, 學者는 要天機淸徹하고
무 비 현 도 지 문　　　학 자　　요 천 기 청 철

胸次玲瓏하여 觸物에 皆有會心處니라.
흉 차 영 롱　　　　촉 물　　개 유 회 심 처

한자 풀이

蟲(벌레 충) 總(거느릴 총) 徹(통할 철) 胸(가슴 흉)
瓏(옥소리 롱) 觸(닿을 촉)

傳心(전심) : 이심전심.

淸徹(청철) : 맑고 투철함, 맑고 밝음.

天機(천기) : 본심의 작용.　胸次(흉차) : 가슴.

玲瓏(영롱) : 아름답게 반짝임.

觸物(촉물) : 사물에 접촉함.

會心(회심) : 마음에 와닿음.

주제 엿보기

수행중인 한 제자가 스승을 찾아가 물었다.

"험난한 세상에서는 처신을 어찌해야 되는 것입니까?"

스승이 제자에게 일렀다.

"네 자신의 그림자처럼 행동하라!"

스승의 말에 제자는 자신의 그림자를 내려다보았다. 그림자는 자신이 몸을 굽히면 같이 몸을 굽히고, 머리를 돌리면 같은 방향으로 돌렸다. 팔과 다리, 어느 것 하나도 자신의 행동에 따르지 않는 것이 없었다. 제자는 스승의 말뜻을 깨닫고는 생각했다. '매사를 너무 나

자신 위주로 행동하지 말고 상황에 따라 유연하게 처신하는 것이 험한 세상을 건너가는 부표로구나.'

주제 요약

언제나 가슴을 열고 진리를 받아들일 마음의 준비를 하라. 닫힌 가슴에는 진리가 찾아와도 들어올 수가 없다. 열린 가슴이라야 주변의 이치를 폭넓게 받아들일 수 있고, 그만큼 깨치는 바도 많을 것이다.

72

달팽이의 뿔 위에서 싸움을 한들 그 세계가 얼마나 크랴

부싯돌의 불빛 속에서 길고 짧음을 다툰들 그 세월이 얼마나 되며, 달팽이 뿔 위에서 자웅을 겨룬들 그 세계가 얼마나 크겠는가?

石火光中에 爭長競短하나니 幾何光陰이며,
석 화 광 중   쟁 장 경 단   기 하 광 음

蝸牛角上에 較雌論雄하나니 許大世界아?
와 우 각 상   교 자 론 웅   허 대 세 계

한자 풀이

競(겨룰 경) 幾(기미 기) 陰(그늘 음) 蝸(달팽이 와)
較(견줄 교) 雌(암컷 자) 雄(수컷 웅)

石火(석화) : 돌과 돌을 부딪쳤을 때 번쩍하고 일어나
　　　　　　는 빛.
爭競(쟁경) : 경쟁.　幾何(기하) : 얼마나 ~하겠는가.
光陰(광음) : 빛과 그늘, 곧 세월.　蝸牛(와우) : 달팽이.
較論(교론) : 비교하여 논쟁함.
許大(허대) : 얼마나 크겠는가.

주제 엿보기

　고대 중국의 위나라 혜왕이 제나라 위왕에게 자객을
보내 죽이려 하자 공손연이 그러한 편법을 쓰지 말고
정정당당하게 군사를 일으킬 것을 왕에게 권했다. 그러
나 계자는 무력을 쓰는 것은 백성들의 고통이 너무 크
다는 이유로 그것을 반대하고 나섰다. 둘의 의견이 분
분해지자 재상 혜시와 화자는 대진인이란 사람을 왕에
게 천거하여 그 사람의 말을 들어보기로 했다. 대진인
은 혜왕 앞으로 나와 이렇게 물었다.

　"왕께서는 달팽이를 알고 계시겠지요?"

　혜왕이 무표정하게 대답했다.

"당연히 알고 있지."

혜왕의 대답에 대진인이 말했다.

"달팽이의 왼쪽 뿔에는 촉 씨(觸氏)가 나라를 세웠고, 오른쪽 뿔에는 만 씨(蠻氏)가 나라를 세웠는데, 두 나라는 언제나 영토를 조금이나마 더 차지하기 위해 전쟁을 하다가 그 전사자가 만 명이나 되었고, 어떤 때에는 서로를 추격하는 데 보름씩이나 걸렸다고 합니다."

대진인의 말을 들은 혜왕은 어이가 없다는 듯 되물었다.

"아니, 무슨 그런 황당무계한 거짓말을 하는가?"

대진인이 공손하게 대답했다.

"제 말은 결코 거짓이 아닙니다. 만약 왕께서 우주를 마음대로 날아다니시며 땅에 있는 나라들을 보시면 아무리 큰 나라일지라도 그 형체가 보일 듯 말 듯 아주 작게 보일 것입니다."

혜왕이 고개를 끄덕이며 긍정의 뜻을 표했다.

"그야 당연히 그렇겠지."

이에 대진인이 힘을 얻은 듯 힘 주어 말했다.

"그런 것처럼 위나라니, 제나라니 하고 따져봤자 아

무 소용이 없습니다. 그 속에 위나라가 있고 양이라는 도성 안에 왕께서 지금 살고 계십니다. 광대한 우주에서 보자면 위나라나 제나라가 서로 영토 싸움을 벌이는 것이 달팽이 뿔 위의 싸움과 과연 다를 게 무엇이 있겠습니까?"

대진인의 말에 혜왕은 아무런 대답도 하지 못한 채 망연자실 넋을 잃고 있다가 대진인이 물러가자 그제야 정신을 차리고 대진인의 인격과 성인다움을 칭찬했다.

주제 요약

끝을 알 수 없는 넓고 광활한 우주에 비하면 우리가 살고 있는 이곳은 미미하고 아주 보잘것없이 작은 땅덩어리일 뿐이다. 그 속에 한 개의 작은 점보다도 더 보잘것없는 우리 존재는 차라리 가엾기까지 하다. 그런데 그렇게 작은 존재들이 서로 다투고 미워하며 시기하고 싸운다고 생각하면 그 얼마나 우스운 모습일 것인가?

73

모든 것은 한치 마음에 달려 있다

　길고 짧은 것은 생각에서 일어나고, 넓고 좁은 것은 한치 마음에 달려 있다. 그러므로 마음이 한가로운 자는 하루가 오랜 세월보다 멀고, 뜻이 넓은 자는 한 칸 방이 천지간보다 넓다.

　延促은 由於一念하고 寬窄은 係之寸心이니,
　　연촉　　유어일념　　　관착　　계지촌심

　故로 機閒者는 一日이 遙於千古하고
　　고　기한자　　일일　요어천고

　意廣者는 斗室이 寬若兩間이니라.
　　의광자　　두실　　관약량간

한자 풀이

由(말미암을 유) 窄(좁을 착) 係(걸릴 계) 遙(멀 요)

256

延促(연촉) : 늘어나는 것과 줄어드는 것.

寬窄(관착) : 넓은 것과 좁은 것.

寸心(촌심) : 작은 마음.

천고(千古) : 오랜 세월.　兩間(양간) : 천지간.

斗室(두실) : 두(斗)는 곡식을 되는 말로, 곧 아주 작은
　　　　　　　방을 가리킨다.

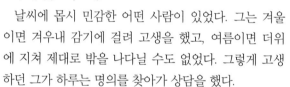

주제 엿보기

　날씨에 몹시 민감한 어떤 사람이 있었다. 그는 겨울
이면 겨우내 감기에 걸려 고생을 했고, 여름이면 더위
에 지쳐 제대로 밖을 나다닐 수도 없었다. 그렇게 고생
하던 그가 하루는 명의를 찾아가 상담을 했다.

　"더위와 추위를 피할 수 있는 약은 없습니까?"

　"세상에 그런 약은 존재하지 않소."

　"그렇다면 더위와 추위를 피할 수 있는 방법은 있습
니까?"

　"그거야, 덥지도 춥지도 않은 곳으로 가면 될 게 아니
겠소."

"이 세상에 그런 곳이 있습니까? 그곳이 어디입니까?"

명의가 짐짓 딴청을 피우며 대답했다.

"멀리 갈 필요는 없소. 그곳은 바로 당신의 마음속이니까. 날씨가 더우면 당신 스스로가 더위가 되어 견디고, 반대로 날씨가 추우면 당신 스스로가 추위가 되어 살면 되는 것이오."

주제 요약

마음이 넓은 사람은 세상을 넉넉히 포용하여 헛된 이욕에 끌려 다니지 않는다. 말 그대로 세상을 한없이 넓고 트인 가슴으로 받아들이는 것이다. 반면 꽉 막히고 옹색한 사람은 그 마음이 졸렬하여 식견도 좁고 변덕이 죽 끓듯한다. 그런 사람은 일각이 여삼추라 인내심이 없고 느긋하지 못해 남들이 오히려 불안해 한다.

74

앞으로 나아갈 때는
뒤로 물러설 것도 생각하라

한 걸음 앞으로 나아갈 때에 한 걸음 뒤로 물러날 것을 생각하면 재앙을 거의 면할 수 있고, 손을 댈 때 손을 떼는 일을 먼저 도모하면 위험에서 거의 벗어날 수 있다.

進步處에 便思退步하면 庶免觸藩之禍하고,
진 보 처   변 사 퇴 보   서 면 촉 번 지 화

著手時에 先圖放手하면 纔脫騎虎之危니라.
착 수 시   선 도 방 수   재 탈 기 호 지 위

한자 풀이

進(나아갈 진) 步(걸음 보) 庶(여러 서) 藩(덮을 번)
著(입을 착) 圖(그림 도) 脫(벗을 탈) 騎(말탈 기)

進步(진보) : 걸음을 앞으로 나아감.

觸藩之禍(촉번지화) : 양이 울타리를 들이받아 울타리
에 뿔이 걸려 꼼짝달싹할 수 없는
재앙.

著手(착수) : 일을 시작함.

騎虎之危(기호지위) : 호랑이의 등에 올라타는 위험.

주제 엿보기

중국 전국시대 때 제나라의 재상 맹상군은 매우 어질어서 식객을 삼천 명이나 거느렸다. 그 중 지혜가 뛰어난 풍훤이라는 자는 맹상군을 위해서는 목숨까지 바칠 정도로 신의를 가지고 있었다. 맹상군은 그에게 설(薛)지방의 백성들에게 가서 빚을 받아오라고 시켰다.

설 지방에 도착한 풍훤은 빌려 준 돈의 이자로 십만 냥을 받자 백성들을 위해 맹상군의 이름으로 큰 잔치를 베풀었다. 그리고 미처 돈을 갚을 능력이 모자라는 자에게는 갚을 기한을 늘려 줬고, 매우 가난한 자의 빚은 아예 탕감해 주었다. 마지막 날 백성들이 '맹상군 만

세!' 하는 소리를 들으며 풍훤은 돌아와 말했다.

"설 지방에 가서 빚 문서를 없애 주는 대신 의(義)를 사왔나이다."

맹상군은 어이가 없었으나 그를 나무라지 않았다. 그러던 어느 날 진나라에서 그가 왕의 자리를 넘본다는 소문을 퍼뜨렸다. 이일로 왕의 노여움을 산 맹산군은 재상의 자리에서 쫓겨나고, 삼천 명의 식객은 발길을 끊고 떠나버렸다. 그러자 풍훤이 맹상군에게 설 지방으로 가자고 했다. 풍훤의 설득으로 맹상군이 설 지방에 도착하자 백성들은 매우 기뻐하며 환영해 주었다.

"풍 선생, 그때 '의를 샀다.'는 말의 의미를 이제야 알 것 같소."

"약은 토끼에겐 굴이 셋이라 안심할 수 있으나, 군께서는 굴이 하나밖에 없는지라 하나를 더 만들었던 것이지요."

그 후로 풍훤은 진나라에 가서 맹상군이 쫓겨났음을 알리고 예물을 이용해 부르기를 권했다. 그리고 귀국하여 제나라 왕께 나아가, 진나라에서 유언비어를 퍼뜨리고 맹상군을 데려가려 하니 빼앗기지 말고 다시 부를 것을 간했다. 진나라의 의중을 알아차린 왕은 맹상군을 복직시켰다. 풍훤이 말했다.

"이제 군께서도 세 굴을 가지셨으니, 마음 놓고 주무실 수 있습니다."

나서야 할 때와 물러서야 할 때를 제대로 헤아릴 줄 아는 것이 훌륭한 처세술이다. 앞으로 한 걸음 나아갈 때에는 뒤로 한 걸음 물러설 마음의 준비가 되어 있어야 한다. 일을 시작할 때에도 마찬가지다. 일을 시작할 줄만 알았지 일에서 손을 떼어야 할 때를 모른다면 그 역시 위험한 것은 마찬가지다. 적당하고 알맞은 때에 일선에서 물러설 마음의 자세를 항상 지녀야 한다.

75

마음을 깨우치는 공부는
마음을 다하는 가운데 있다

　세속에서 벗어나는 길은 바로 세상살이 가운데 있는 것이니, 반드시 인연을 끊고 세상을 등지고 살 필요는 없고, 마음을 깨우치는 공부는 바로 마음을 다하는 가운데 있는 것이니, 반드시 욕심을 끊어서 마음을 식은 재처럼 만들 필요는 없느니라.

出世之道는 卽在涉世中이니 不必絶人以逃世하고,
출 세 지 도 　 즉 재 섭 세 중 　 　 불 필 절 인 이 도 세
了心之功은 卽在盡心內니 不必絶慾以灰心이니라.
요 심 지 공 　 즉 재 진 심 내 　 　 불 필 절 욕 이 회 심

한자 풀이

卽(곧 즉) 涉(건널 섭) 絶(끊을 절) 逃(달아날 도)

出世(출세) : 세상을 초월함.

涉世(섭세) : 세상을 살아감.

絶人(절인) : 사람 사귀는 것을 끊음.

逃世(도세) : 세상을 피해 살아감.

了心(요심) : 마음을 깨달음.

盡心(진심) : 마음 씀을 다함.

灰心(회심) : 식은 재와 같이 싸늘하고 메마른 마음.

주제 엿보기

한 젊은 학자가 책이 가득 든 가방을 둘러메고 낑낑거리며 걸어가던 중 나이 든 노학자를 만나게 되었다.

"세상에서 일어나는 모든 일은 인간이 만드는 조작이며, 그 조작은 경우에 따라서 행해지기 때문에 지혜를 배운다는 것은 정해진 이치를 아는 것이 아니오. 또 책에 씌어진 말들은 남의 말이며, 말이라는 것은 인간의 지혜에서 비롯되는 것이니 지자(智者)는 책에만 의존해서는 아니 되오. 그런데 당신은 무엇 때문에 책을 둘러메고 길을 떠나는가?"

노학자의 얘기를 들은 젊은 학자는 뭔가 깨닫는 바가 있어 곧 집으로 돌아가 책을 불태웠다.

주제 요약

진정한 지혜를 깨달은 사람은 말로써 사람을 가르치지 않고, 책을 쌓아두는 법이 없다. 세상 사람들은 모든 진리를 남의 말이나 책 속에서만 구하려고 한다. 노자는 '남이 배우지 못한 것을 배우고, 지나쳐 버리고 있는 일에 되돌아가라.' 고 했다.

76

마음이 비어 있으면
저잣거리에서도 시끄러운 줄 모른다

마음속에 욕심이 가득 차 있는 자는 서늘한 못에서 물결
이 끓어오르는 듯하여 숲 속에 있어도 고요를 느끼지 못하
고, 마음이 텅 비어 있는 자는 무더위 속에서도 서늘한 기운
이 생기는 듯하여 저잣거리에서도 시끄러운 줄 모른다.

欲其中者는 波沸寒潭하여 山林에도 不見其寂하고,
욕 기 중 자   파 비 한 담   산 림   불 견 기 적

虛其中者는 凉生酷暑하여 朝市에도 不知其喧이니라.
허 기 중 자   양 생 혹 서   조 시   부 지 기 훤

한자 풀이

沸(끓을 비) 潭(깊을 담) 凉(서늘할 량) 酷(독할 혹)

波沸寒潭(파비한담) : 차갑고 깊은 못에서 물결이 끓어
            오름.

酷暑(혹서) : 무더위.

朝市(조시) : 시조(市朝), 곧 저잣거리.

주제 엿보기

시골에 살고 있던 한 청년이 펜팔로 사귀게 된 친구의 초대로 도시에 오게 되었다. 도시는 가는 곳마다 사람들로 북적거렸고 거리는 많은 차들의 경적 소리로 매우 시끄러웠다. 여기저기 구경하며 돌아다니던 시골 청년이 갑자기 걸음을 멈추면서 말했다.

"잠깐, 이디선가 귀뚜라미 소리가 들리네."

"뭐 귀뚜라미 소리라고? 나는 안 들리는데."

도시 친구는 시골 친구의 말에 귀를 기울여봤지만 역시 들리는 소리는 도시의 소음뿐이었다. 그러자 시골 친구는 빌딩 사이에서 자라고 있는 넝쿨나무 아래로 걸어갔다. 그가 넝쿨 잎을 들추자 그곳에서 귀뚜라미가 울고 있었다.

"넌 시골에서 살아서인지 나보다 귀가 밝구나."

도시 친구의 말에 시골 친구는 고개를 저었다.

"아니, 그렇지 않아. 내가 그걸 증명해 볼게."

시골 친구는 호주머니에서 오백 원짜리 동전 하나를 꺼내 길바닥에 던졌다. 쨍그랑, 동전이 떨어지며 소리를 내자 거리를 걷고 있던 사람들이 걸음을 멈추더니 주위를 둘러보기 시작했다. 잠시 후 그 중 한 사람이 동전을 줍더니 재빨리 가던 길로 향했다. 이런 광경을 말없이 지켜보던 시골 친구가 조용히 말했다.

"자네도 봤지? 동전 떨어지는 소리가 귀뚜라미 소리보다 크지도 않는데 많은 사람들이 그 소리를 듣고 멈추었잖아. 하지만 귀뚜라미 소리는 나 외엔 아무도 듣지 못했어. 그것은 내 귀가 그들보다 밝아서가 아니라 관심사가 서로 달랐기 때문이야. 관심이 있으면 귀는 자연스럽게 열리게 되는 거지."

욕심이 많은 사람은 마치 차가운 연못의 물이 끓어오르듯 그 마음이 언제나 부산스러워 깊은 산 속에 있어도 고요함을 얻지 못한다. 반면 마음이 텅 비어 있는 사람은 마치 뜨거운 더위 속에서도 서늘한 바람이 불어오듯 사람들로 북적대는 장터에 있어도 시끄러운 줄을 모른다. 욕심을 버린 이는 단지 만사에 무심하여 마음이 고요할 뿐이다.

77

사람의 마음은 만족시키기 어렵다

　서진(西晉)의 황폐함을 눈으로 보면서도 도리어 칼날을 뽐내고, 북망산의 여우와 토끼에게 맡겨질 몸임을 알면서도 오히려 황금을 아낀다. 옛말에 이르기를 '사나운 짐승을 길들이기는 쉬워도 사람의 마음은 굴복시키기가 어렵고, 골짜기를 메우기는 쉬워도 사람의 마음은 만족시키기가 어렵다.'라고 했으니, 과연 옳은 말이다.

眼看西晉之荊榛하되 猶矜白刃하며,
안 간 서 진 지 형 진　　유 긍 백 인

身屬北邙之狐兎로되 尙惜黃金하나니. 語에 云하되,
신 속 북 망 지 호 토　　상 석 황 금　　　어　운

猛獸는 易伏이로되 人心은 難降하며, 谿壑은
맹 수　이 복　　　인 심　난 항　　　계 학

易滿이로되 人心은 難滿이라 하니 信哉로다.
이 만　　　인 심　난 만　　　　신 재

晉(나아갈 진) 榛(개암나무 진) 刃(칼날 인) 兎(토끼 토)
獸(짐승 수) 降(항복할 항) 壑(구렁이 학)

西晉(서진) : 사마염(司馬炎)이 위나라를 멸망시키고 세
운 왕조.
荊榛(형진) : 가시덤불.
北邙(북망) : 중국 낙양 북쪽에 있는 산으로, 무덤이 많
았음.
谿壑(계학) : 골짜기. 구덩이.   白刃(백인) : 흰 칼날.

주제 엿보기

　옛날 어느 한 신하가 왕에게 뛰어난 미모의 여인을
소개해 주었다. 왕은 그 여인을 보자마자 반해 후궁으
로 맞이했다. 왕비는 왕이 그 여인을 애지중지한다는
사실을 알면서도 질투는커녕 오히려 왕의 취향에 맞게
후궁을 치장해 주었다. 게다가 후궁이 기거하는 침실도
왕의 취향에 맞게 꾸며 주기까지 했다.

후궁은 왕비의 지나친 친절에 처음에는 경계하는 마음을 가졌으나 시간이 지나면서 차츰 왕비를 믿게 되었다. 왕 또한 후궁을 따스하게 대해 주는 왕비를 신뢰하며 칭찬해 주었다.

"내가 후궁을 좋아하는 것을 알면서도 그녀를 잘 대해 주는 것은 어버이를 섬기는 효자의 마음이요, 임금을 섬기는 충신의 마음이로다."

왕비는 왕이 자신을 신뢰하고 있음을 확신하자 어느날 후궁에게 말했다.

"왕은 당신의 아름다움에 반해 있어요. 그러나 당신의 코는 싫어하는 것 같으니, 왕을 뵐 때는 꼭 손으로 코를 가리도록 해요."

그 이후로 후궁은 왕을 뵐 적마다 살며시 코를 가렸다. 그 행동을 이상하게 여긴 왕이 왕비에게 물었다.

"그녀가 나를 만날 때마다 코를 가리는구려. 어찌된 영문인지 모르겠소."

왕비는 매우 난처하다는 듯이 말했다.

"그 이유를 알고 있지만 말씀드리기가……."

"그러니 더욱 궁금해지는구려. 걱정 말고 얘기해 보오."

"그 행동은…… 당신의 냄새를 맡기 싫어서랍니다."

왕비의 말에 몹시 화가 난 왕이 소리쳤다.

"뭐라고! 내가 그처럼 아껴 주었거늘 몹쓸 것이로다. 당장 그 코를 잘라버려야겠다!"

주제 요약

사나운 짐승은 굴복시킬 수 있지만 사람의 간교한 마음은 결코 굴복시킬 수 없고, 산골짜기는 메울 수 있어도 탐욕스러운 사람의 마음은 결코 채울 수가 없다. 언제 죽을지도 모르는 인생이 자신의 이익만을 좇다 패가망신하는 세태를 경계한 경구다.

78

오래 엎드린 새는 높이 날고
일쩍 핀 꽃은 빨리 시든다

오래 엎드려 있던 새는 기필코 높이 날아오르고, 먼저 피어난 꽃은 스스로 일찍 진다. 이러한 이치를 사람도 깨달으면 발을 헛디딜 근심을 면할 수 있고, 초조한 마음도 없앨 수가 있다.

伏久者는 飛必高하고, 開先者는 謝獨早하나니.
복 구 자　　비 필 고　　　개 선 자　　사 독 조

知此면 可以免蹭蹬之憂하고 可以消躁急之念이니라.
지 차　　가 이 면 층 등 지 우　　　가 이 소 조 급 지 념

蹭蹬(층등) : 발을 헛디뎌 비틀거리는 것.
躁急(조급) : 성질이 급한 것.   謝(사) : 꽃이 지는 것.

주제 엿보기

공자가 어느 날 안연과 자로를 옆에 불러 앉히고 물었다.

"너희들의 희망이 무엇이지 말해 보아라."

먼저 자로가 말했다.

"저희 거마와 털옷을 함께 공유하여 사용하다가 그것들이 상한다 해도 섭섭해 하지 않는 사람이 되고자 합니다."

이번에는 안연이 말했다.

"저는 선한 일을 하고도 자랑을 하지 않으며 또 공로가 있어도 자랑하지 않는 사람이 되고 싶습니다."

마지막으로 공자가 말했다.

"나는 늙은이를 평안케 하며 친구에게 믿음이 있고 연소자를 사랑으로 감싸 주고 싶을 뿐이다."

주제 요약

오래 엎드린 새가 높이 날 듯 인내로써 덕을 쌓고 힘을
키운 사람은 언젠가 세상에 나서면 그만큼 높은 공을
세울 수가 있다. 이 이치를 바로 깨달으면 세상에 나아
가 실패할 일이 없고 조급하여 일을 그르치지도 않을
것이다.

79
한가할 때는 헛된 생각을 경계하라

사람은 너무 한가하면 딴 생각이 슬그머니 생겨나고, 너무 바쁘면 본성이 드러나지 않는다. 그러므로 군자는 몸과 마음에 걱정을 지니지 않아서도 안 되고, 또 청풍명월의 취미를 즐기지 않아서도 안 된다.

人生은 太閒則別念竊生하고, 太忙則眞性不現하나니.
인 생　　태 한 즉 별 념 절 생　　　태 망 즉 진 성 불 현

故로 士君子는 不可不抱身心之憂하고,
고　　사 군 자　　불 가 불 포 신 심 지 우

亦不可不耽風月之趣니라.
역 불 가 불 탐 풍 월 지 취

한자 풀이

閒(틈 한) 竊(훔칠 절) 抱(안을 포) 耽(즐길 탐)

別念(별념) : 망념, 잡념.
竊生(절생) : 모르는 사이에 슬그머니.

주제 엿보기

아주 추운 겨울밤, 평소 서로 사이가 좋지 않은 부부
가 난로 곁에 앉아 있었다. 남편은 한가로이 신문을 보
고 있었고 아내는 열심히 뜨개질을 하고 있었다. 개와
고양이도 서로에게 몸을 기댄 채 난롯가에서 꾸벅꾸벅
졸고 있었다. 그때 아내가 남편을 툭툭 치며 말했다.

"여보, 개와 고양이 좀 보세요. 서로 몸을 기댄 채 잠
들어 있으니 굉장히 사이가 좋아 보이죠? 그런데 우리
는 왜 저렇게 사이가 좋지 않을까요?"

그러자 남편이 말했다.

"당신은 그 이유를 아직도 몰라? 여보, 저 개와 고양
이를 지금 당장 깨워 봐. 어떻게 되는지?"

한가할 때는 헛된 망상이 생길까 염려하고 바쁠 때에는 참된 본마음이 드러나지 않을 것을 염려해야 한다. 그리하여 자신을 수양하는 데 힘써 노력하고 언제나 그 마음을 잃지 않도록 경계해야 한다.

80

분수에 넘치는 복과 이익은
조심해야 한다

분수에 넘치는 복과 이유 없이 생긴 이익은 조물주의 낚
싯밥이 아니면 인간 세상의 함정이니, 이럴 때 눈을 높이 들
어 조심하지 않는다면 그 꼬임 속에 빠지지 않을 자가 드물
것이다.

非分之福과 無故之獲은 非造物之釣餌면
비 분 지 복   무 고 지 획   비 조 물 지 조 이

卽人世之機阱이니, 此處에 著眼不高면
즉 인 세 지 기 정   차 처   착 안 불 고

鮮不墮彼術中矣리라.
선 불 타 피 술 중 의

한자 풀이

獲(얻을 획) 釣(낚시 조) 餌(먹이 이) 阱(함정 정)

280

釣餌(조이) : 낚시의 미끼.   機阱(기정) : 함정.
非分(비분) : 분수에 넘치는.   著眼(착안) : 눈을 두다.

주제 엿보기

정석견은 홍문관 응교라는 높은 벼슬에 있었다. 그는 외출을 할 때는 관아에서 말몰이를 하는 사람을 불러 데리고 다녔다. 그 정도의 벼슬이라면 충분히 말몰이꾼을 따로 둘 수 있는데도 그는 꼭 그렇게 했다. 앞뒤로 하인 한 명씩을 세우고 자신은 말을 타고 그 가운데를 가니 그 행차는 매우 초라했다. 그래서 마을 사람들은 그의 행차가 지나갈 때마다 수군거렸다.

"보게나, 저기 산(山) 행차가 지나간다."

산 행차란 세 사람이 길을 간다고 하여 붙인 말이었는데, 그 말 속에는 비웃음이 숨겨져 있었다.

그러나 정석견은 그런 사람들의 조롱에 늘 당당했다. 그러자 이번에는 홍문관의 동료들이 따지고 들었다.

"이보시게, 체면을 좀 생각하게. 말몰이꾼 몇 명 더

데리고 다닌다고 해서 관아가 비는 것도 아닌데 어찌 그런다는 말인가?"

그 말에 정석견은 언제나 당당하게 대답했다.

"많은 말몰이꾼이 왜 필요한가? 모두 부질없는 짓이네. 말몰이꾼이야 길 안내를 하니 당연히 앞에 한 사람이 필요한 것이고, 호위를 위해서 뒤에 종이 한 명 따르면 되는 것이네. 많은 종을 따르게 하는 것은 보이지 않는 자신의 뒷모습을 과시하기 위함이 아닌가. 나는 '산(山) 자' 관원이란 소릴 들을지언정 그런 위세는 부리고 싶지 않네."

주제 요약

사람이 자기 분수를 넘어선 복을 바라거나 이득을 탐하면 안 된다. 만약 요행히 나에게 그러한 복이 주어졌다 하더라도 그것은 단지 하늘이 나를 시험하는 것에 지나지 않으며, 세상이 나를 쓰러뜨리기 위해 파놓은 함정이나 다름이 없다. 분수를 지킬 줄 아는 것이야말로 큰 깨달음이자 도이다.

81

깊게 생각하되 지나치게 살피지 말라

'사람을 해치려는 마음을 가져서는 안 되며 사람에게 받는 피해를 막으려는 마음이 없어서도 안 된다.' 라는 말은 생각이 소홀한 것을 경계하는 말이다. '사람에게 차라리 속을지언정 사람이 속일 것을 미리 염려하지 말라.' 라는 말은 지나치게 살피는 데에 잘못이 있을 것인지를 경계한 말이다. 이 두 가지 말을 함께 명심하면 생각이 맑아지고 온후해질 것이다.

害人之心은 不可有하고 防人之心은 不可無라 하니
해 인 지 심   불 가 유   방 인 지 심   불 가 무

此는 戒疏於慮也요 寧受人之欺언정
차   계 소 어 려 야   영 수 인 지 기

毋逆人之詐라 하니 此는 警傷於察也니라.
무 역 인 지 사   차   경 상 어 찰 야

二語竝存하면 精明而渾厚矣니라.
이 어 병 존   정 명 이 혼 후 의

害(해칠 해) 防(둑 방) 戒(경계할 계) 疏(트일 소)
慮(생각할 려) 欺(속일 기) 竝(아우를 병) 渾(흐릴 혼)

防人之心(방인지심) : 남이 나를 해치려는 것을 막는
                     마음.
疏於濾(소어려) : 생각에 소홀함이 있음.
精明(정명) : 정밀하고 밝음.
渾厚(혼후) : 원만하고 두터움.
傷於察(상어찰) : 지나치게 살핌으로 덕을 손상시킴.

주제 엿보기

  산길을 걸어가던 호랑이가 이상하게 생긴 물건을 발
견하곤 한참을 주의 깊게 살펴보았다. 생긴 모양은 고
슴도치처럼 온몸에 가시가 돋았고 크기는 작은 토끼만
했다.
  호랑이는 발로 그 이상하게 생긴 물건을 이리저리
굴려보다가 멀리 차버렸다. 그런데 몇 바퀴 데굴데굴

굴러가던 그 물건은 처음보다 두 배나 더 커지는 것이었다.

그 모습을 본 호랑이는 화가 나서 이번에는 발로 세차게 짓밟아 버렸다. 그런데 신기하게도 물건은 호랑이가 발로 찰 때보다 다시 갑절로 커졌다.

호랑이는 그 물건을 입으로 물어뜯기도 하고 발로 차기도 하면서 어떻게 해서든지 그 물건을 처음처럼 작게 만들려고 안간힘을 썼다.

그런데 그 이상한 물건은 작아지기는커녕 호랑이가 그 물건을 만지면 만질수록 점점 커지더니 나중에는 산길을 모두 막을 정도로 커져버렸다.

마침내 힘이 빠진 호랑이가 지쳐 멍하니 서 있는데 숲의 산신령이 나타나 호랑이에게 말했다.

"그만두어라. 그 물건은 의심의 씨앗이란다. 네가 집착하면 할수록 그 씨앗은 더욱 크게 자랄 것이고, 네가 집착을 버리고 본마음을 갖는다면 그 씨앗은 저절로 소멸될 것이다."

남을 의심하는 마음은 마치 눈덩이가 불어나는 것과 같아서 한번 의심하는 마음을 품기 시작하면 걷잡을 수가 없다. 그러므로 처음부터 의심하는 마음을 품지 않는 것이 중요하며 언제나 자신의 마음을 신실하게 해야 한다.

82

다른 사람들의 의심으로 인해
자신의 견해를 굽히지 말라

다른 사람들의 의심으로 인해 자신의 견해를 굽히지 말고, 자신의 의견에만 사로잡혀 남의 말을 버리지 말라. 사사로운 은혜에 이끌려 대국을 그르치지 말고 여론을 빌어 개인적인 감정을 풀지 말라.

毋因群疑而阻獨見하고　毋任己意而廢人言하며
무 인 군 의 이 조 독 견　　　무 임 기 의 이 폐 인 언

毋私小惠而傷大體하고　毋借公論以快私情하라.
무 사 소 혜 이 상 대 체　　　무 차 공 론 이 쾌 사 정

疑群(군의) : 여러 사람들이 의심함.
獨見(독견) : 자신의 견해.
己意(기의) : 자기의 사사로운 뜻.
大體(대체) : 대국 전체.
公論(공론) : 여러 사람들의 공통된 의견.

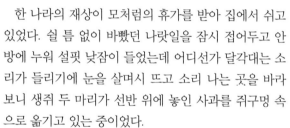

주제 엿보기

한 나라의 재상이 모처럼의 휴가를 받아 집에서 쉬고 있었다. 쉴 틈 없이 바빴던 나랏일을 잠시 접어두고 안방에 누워 설핏 낮잠이 들었는데 어디선가 달각대는 소리가 들리기에 눈을 살며시 뜨고 소리 나는 곳을 바라보니 생쥐 두 마리가 선반 위에 놓인 사과를 쥐구멍 속으로 옮기고 있는 중이었다.

재상은 하찮은 쥐들이지만 서로 힘을 합쳐 힘들게 사과를 운반하는 것을 신기하고 대견하게 여겨 그냥 내버려두고는 다시 잠이 들었다.

얼마나 시간이 흘렀을까? 갑자기 여인네의 울음소리가 들려와 잠에서 깼다. 그것은 마당에서 들려오는 여종의 울음소리였다. 재상은 자리에서 일어나 밖의 소란에 귀를 기울였다. 여종이 무엇을 잘못했는지 화가 난 부인이 심하게 꾸짖으며 매질을 하고 있었다.

"네가 한 짓이 틀림없으렸다?"

노한 부인의 엄준한 목소리가 들려왔다.

"흑흑흑…. 아닙니다, 마님. 저는 모르는 일입니다. 정말입니다."

여종의 울음 섞인 탄원에도 불구하고 부인은 계속 죄를 추궁했다.

"그렇다면 선반에 올려둔 사과가 어디로 간 게냐! 발이라도 달려 저 혼자 걸어갔더냐? 어찌 네가 감히 나를 속이려 드느냐? 어서 바른 대로 말해라!"

여종은 눈물을 흘리며 끝까지 자신의 결백을 주장했지만 부인은 들은 척도 않고 매질을 계속했다. 재상은 자신이 나가서 여종의 결백을 밝혀야겠다고 생각하며 자리에서 몸을 일으키는데 바로 그때 여종의 목소리가 들려왔다.

"마님, 잘못했습니다. 제가 사과가 먹고 싶어 그만…. 흑흑흑…. 죽을죄를 지었습니다. 제발 너그러이 용서해 주십시오. 흑흑흑…!"

재상은 반쯤 일으킨 몸을 제자리에 도로 주저앉히고
말았다. 여종의 말이 마치 망치로 머리를 힘껏 내리친
듯한 느낌으로 다가왔다. 재상은 망연자실하여 한참 동
안 그대로 자리에 앉아 있었다.

재상은 곧 관복을 갖춰 입고 대궐로 향했다. 입궐하
여 임금을 배알한 그는 낮에 자기 집에서 있었던 일을
임금에게 아뢰고 옥에 갇혀 있는 죄인들 가운데 증거가
충분하지 않은 사람들을 다시 한 번 조사해 줄 것을 간
청했다. 재상은 낮에 겪었던 일로 인해 혹독한 고문이,
없는 죄도 만든다는 사실을 깨달았던 것이다.

> **주제 요약**
>
> 우리는 다른 사람을 의심하여 정말 없는 죄도 만드는
> 것이 아닐까? 한번쯤 생각해 볼 일이다. 내가 품은 의심
> 으로 혹 다른 누군가가 상처를 입지 않았는지……

83

천지를 움직이는 경륜도 작은 것에서 비롯된다

맑은 하늘에 빛나는 태양 같은 드높은 절의도 캄캄한 방 한구석에서 길러진 것이고, 천지를 움직이는 빼어난 경륜도 깊은 연못가에서 살얼음판을 밟듯 조심하는 데서 나오는 것이다.

青天白日的節義는 自暗室屋漏中培來하고
청 천 백 일 적 절 의   자 암 실 옥 루 중 배 래

旋乾轉坤的經綸은 自臨深履薄處操出이니라.
선 건 전 곤 적 경 륜   자 임 심 이 박 처 조 출

한자 풀이

暗(어두울 암) 義(옳을 의) 室(집 실) 漏(샐 루)
乾(하늘 건) 轉(구를 전) 履(신 이) 繰(야청 통견 조)

屋漏(옥루) : 방의 서북편.   節義(절의) : 절개와 의리.

經綸(경륜) : 천하를 다스리고 경영하는 것.

臨深履薄(임심이박) : 얇은 살얼음을 밟듯이.

操出(조출) : 이끌어 냄.

주제 엿보기

어린 아들이 아버지에게 물었다.

"아버지, 대체 저는 누구죠? 어떻게 여기에 존재하고 또 앞으로 무엇이 될까요? 아무리 생각해도 알 수가 없어요."

아들의 엉뚱하지만 진지한 질문에 아버지는 꽤 오래 생각에 잠기더니 이윽고 아들을 불러 이렇게 말했다.

"애야, 마당에 있는 감나무에서 감 하나만 따다 주겠니?"

아버지의 말을 들은 아들이 마당으로 나가 감을 따오자 아버지는 다시 아들에게 말했다.

"과도를 가져다 그 감을 반으로 잘라보렴."

아들은 아버지의 말씀에 순순히 따랐다. 아들이 감을

반으로 자르자 아버지가 다시 말했다.

"그래, 그 속에 무엇이 들어 있니?"

아들이 대답했다.

"씨가 들어 있어요, 아버지."

아버지가 아들의 머리를 쓰다듬으며 말했다.

"그래 됐다. 그러면 이번에는 그 씨를 한번 잘라보렴."

아들은 아버지가 시키는 대로 씨를 잘랐다.

아버지가 다시 물었다.

"그 속에는 또 무엇이 들어 있니?"

아들은 이리저리 씨를 살펴보더니 아무것도 없다고 대답했다. 기다렸다는 듯이 아버지가 말했다.

"바로 그것이란다, 애야! 아무것도 들어 있지 않은 씨앗에서 이렇게 큰 감나무가 생겨났듯이 너 또한 마찬가지란다. 이 씨앗을 땅에 심지 않고 아무렇게나 내버려두면 결국 쓸모없는 작은 씨앗에 불과하지만 땅에 심고 정성들여 가꾸면 아름드리 나무로 자라나 열매도 맺고 꽃도 피우는 거야. 우리가 살고 있는 이 세상에는 하찮고 쓸모없는 씨앗으로 버려지는 사람들도 있고 아니면 아름드리 큰 나무로 자라나 사람들에게 꽃과 열매를 나눠 주는 훌륭한 사람들도 있단다. 그리고 그 선택은 바로 네 자신만이 할 수 있는 거란다."

아버지의 말을 들은 아들은 두 눈을 초롱초롱 빛내며 무엇인가를 결심하듯이 작은 주먹을 꼭 쥐었다.

주제 요약

삶의 경륜은 나이가 많고 적음에 따라 정해지는 것이 아니다. 얼마만큼 깊이 삶의 본질을 들여다보고 파악하는가에 따라 다르며, 주어진 삶에 얼마만큼 공들이며 살았는가에 따라 달라지는 것이다.

84
어버이는 인자하고 자식은 효도하라

어버이는 인자하고 자식은 효도하며, 형은 우애하고 아우는 공경하는 것이 비록 지극한 정성에까지 달했다 하더라도, 그것은 마땅한 것으로써 티끌만큼도 감격스러운 마음을 둘 것이 못 된다. 만약 베푸는 사람이 덕으로 여기고 받는 사람도 은혜로 생각한다면, 이는 길가에서 만난 사람과 다름없으니 장사꾼과의 관계와 같은 것이다.

父慈子孝하고 兄友弟恭하여 縱做到極處라도
부 자 자 효   형 우 제 공   종 주 도 극 처

俱是合當如此니 著不得一毫感激的念頭라.
구 시 합 당 여 차   착 부 득 일 호 감 격 적 염 두

如施者任德하고 受者懷恩이면 便是路人이니
여 시 자 임 덕   수 자 회 은   변 시 로 인

便成市道矣니라.
변 성 시 도 의

恐(두려울 공) 縱(늘어질 종) 做(지을 주) 到(이를 도)
著(분명할 착) 激(물결 부딪쳐 흐를 격) 頭(머리 두)

極處(극처) : 지극한 곳.

做到(주도) : 이르다, 도달하다.

合當女此(합당여차) : 이와 같이 하는 것이 합당함.

施者(시자) : 은혜를 베푸는 사람.

受者(수자) : 은혜를 받은 사람.

任德(임덕) : 덕을 베풀었다고 자임(自任)함.

주제 엿보기

보름달이 희미하게 뜬 깊은 밤이었다. 멀리 마을에서 희미하게 개 짖는 소리가 들려오고 있었다. 어머니를 등에 업은 아들은 자꾸만 앞을 가리는 눈물 때문에 몇 번이나 발을 헛디딜 뻔했다.

아들의 등에 업힌 어머니는 잠이 들었는지 아무런 기척도 없었다. 축 늘어진 사지가 아들이 비틀거릴 때마다 이리저리 힘없이 흔들릴 뿐이었다.

　나라에서 늙은 노인을 산중에 갖다 버리라고 정한 국법을 따르기는 하지만 아들은 자꾸만 분하고 원통한 마음이 들어 그대로 땅에 주저앉아 통곡이라도 하고 싶었다.

　산중턱을 돌아가자 며칠 전부터 보아두었던 조그만 바위굴의 입구가 달빛에 희미하게 보였다. 바위굴로 들어가 마른풀을 쌓은 한쪽에 어머니를 눕히고 아들은 곧 작은 모닥불을 피웠다. 어머니는 그제야 잠에서 깬 듯 주위를 두리번거리다가 아들의 얼굴을 발견하곤 안심하는 표정을 지었다.

　아들은 며칠 전 미리 굴 속에 가져다 놓았던 이불을 가져다 어머니의 어깨를 덮어드렸다. 아들은 또 그러면서 눈앞이 어른거렸다.

　아들이 이불을 덮어드리자 어머니가 말했다.

　"얘야, 어서 가거라. 밤이 깊었구나."

　어머니의 말에 아들이 무릎을 꿇고 말했다.

　"어머니, 제가 이틀에 한 번씩은 꼭 양식을 갖고 들르겠습니다. 그러니 아무 걱정 마시고 부디 몸조심하십시오."

"괜찮다. 아이들 먹일 양식도 없을 텐데……. 그냥 두어라. 내가 알아서 산열매며 나무 뿌리를 찾아서 먹으마."

그렇게 말하는 어머니의 눈에도 설핏 물기가 번지는 듯하여 아들은 더 이상 그곳에 있을 수가 없었다.

아들이 등을 돌려 바위굴을 나가려고 할 때였다. 어머니가 아들을 부르더니 주머니 속에서 헝겊에 꼬깃꼬깃하게 싼 뭔가를 꺼내 손에 꼭 쥐여 주었다. 아들이 뭔가 싶어 풀었더니 그것은 다름 아닌 저녁마다 어머니의 간식거리로 어머니의 방에 넣어드렸던 누룽지였다. 오늘 저녁에도 아내가 분명 챙겨 어머니께 드렸을 게 분명했다.

아들의 손을 잡으며 어머니가 말했다.

"얘야, 나를 업고 오느라 힘들었을 테니 산을 내려가면서 먹으렴. 너는 오늘 저녁도 뜨는 둥 마는 둥 했잖아."

아들은 어머니 앞에 엎드려 오래도록 울었다.

부모님의 은혜를 무엇으로 갚을 수가 있으랴? 천 마디의 말보다 한 번의 실천이 중요하다. 작고 사소한 것에서부터 효는 싹튼다. 하루에 한 번만이라도 부모님의 얼굴에 웃음꽃을 피우게 하는 것도 작지만 큰 효도이리라.

85

세속에서 얻는 깨달음도 참된 깨달음이다

세속을 벗어나는 것이 바로 기인인데 일부러 기이함을 숭
상하는 자는 기인이 되지 못하고 괴이한 자가 된다. 더러움
에 섞이지 않는 것이 바로 청렴함인데 속세와 인연을 끊고
청렴함을 구하면 청렴한 사람이 되지 못하고 과격한 자가
된다.

能脫俗이면 便是奇니 作意尙奇者는
능 탈 속   변 시 기   작 의 상 기 자

不爲奇而爲異하고 不合汚면 便是淸이니
불 위 기 이 위 이   불 합 오   변 시 청

絕俗求淸者는 不爲淸而爲激이니라.
절 속 구 청 자   불 위 청 이 위 격

한자 풀이

俗(풍속 속) 絕(끊을 절) 激(물결 부딪쳐 흐를 격)

脫俗(탈속) : 속세를 벗어남.

作意尙奇(작의상기) : 뜻을 지어 기이함을 숭상함.

合汚(합오) : 세속의 더러움과 어울림.

주제 엿보기

늙고 병든 홀어머니를 봉양하며 사는 가난한 청년이 있었다. 어머니는 하나뿐인 아들을 언제나 믿음직스럽고 든든하게 여겼고 아들은 열심히 일을 해서 혼자 계신 어머니를 극진히 모셨다.

그러던 어느 날 청년이 크게 깨우친 스님의 말씀을 듣고 감화를 받아 자신도 그런 깨우침을 얻고자 입산할 결심을 하게 되었다.

아들의 말을 들은 어머니는 이루 말할 수 없는 깊은 슬픔에 잠겼지만 사랑하는 아들이 뜻한 일을 어머니로서 짐이 되어 막고 싶지는 않았다.

어머니는 며칠을 뜬눈으로 보내다가 결국 아들의 출가를 허락했고 아들은 짐을 꾸려 표표히 깨우친 자가 있는 산사를 향해 길을 떠났다.

한참을 부지런히 산길을 걸어가는데 어떤 노승이 청년을 불러 세우더니 물었다.

"여보게 젊은이, 어딜 그렇게 바삐 가는가?"

청년은 노승에게 합장을 한 다음 말했다.

"절에 계신 주지 스님을 뵈러 갑니다."

그러자 노승이 다시 물었다.

"주지 스님을 만나 무엇을 하려고?"

청년이 다소곳하게 대답했다.

"깨달음에 이르는 길을 묻고자 합니다."

노승이 너털웃음을 웃으며 말했다.

"그렇다면 주지 스님을 만나는 것보다 부처님을 만나는 게 더 빠르지 않은가?"

노승의 말에 청년은 고개를 갸우뚱거리며 물었다.

"부처님이라뇨? 부처님이 대체 어디 계신다는 말씀이십니까?"

청년의 물음에 노승은 청년이 걸어온 길을 손가락으로 가리키며 말했다.

"자네가 걸어왔던 길을 곧장 되돌아가게. 그리고 자네가 오늘 길을 떠나기 전에 마지막으로 뵈었던 분을 만나게. 그분이 바로 자네가 찾는 부처라네."

노승의 말을 들은 청년은 문득 깨달은 바가 있어 발길을 돌려 집으로 돌아왔다. 청년이 집에 들어서서 어머니를 부르자마자 신발도 신지 않고 맨발로 뛰쳐나오는 어머니의 얼굴은 온화한 미소를 띤 관세음보살의 얼굴, 바로 그것이었다.

주제 요약

물고기를 잡으려면 바다로 가고 짐승을 잡으려면 산으로 가면 된다. 그러나 깨달음이나 진리를 구하려면 어디로 가야 하는가?

옛날부터 성현들은 깨달음과 진리는 마음속에 있다고 했다. 마음은 어디에나 있는 것이니 굳이 깨달음과 진리를 구하려 몸이 속세를 떠날 필요가 없다.